삶의 영성과 재정

청지기 재정교실

삶의 영성과 재정

정병일 지음

좋은땅

EPS 훈련목표

"인생은 출생 B(birth)와 죽음 D(death) 사이의 선택 C(choice)이다"라는 장 폴 사르트르의 말처럼 성경은 많은 부분에서 분명한 선택을 요청하고 있습니다. 하나님과 맘몬, 천국과 지옥, 영원과 현세, 평안과 편안, 존재와 소유 등에 관한 것이 그것입니다.

EPS(Eternal Perspective Stewardship)는 **"그리스도의 영을 가진 자"**(롬8:9)로서 성경에서 가르치는 '삶의 영성'과 '재정원리실천'을 기본정신으로 합니다. 하나님의 부르심을 받은 청지기로서 이 땅에서 맡기신 물질을 비롯한 삶과 신앙의 모든 것을 영원의 관점에서 어떻게 잘 관리하여 주님 앞에 충성스러운 청지기로 결산할 수 있는가를 지향합니다. 따라서 EPS 훈련은 시대적 환경과 상황을 인간의 욕구 중심으로 성경에 끼워 맞추는 것이 아니라 모든 것의 주인 되신 하나님께서 말씀하신 성경적 영성과 재정관을 재정립함으로써 부르심 받은 청지기 삶의 신앙 회복을 목표로 합니다.

사실 그리스도인으로서 신앙생활을 말씀의 본질에 일치시켜 삶과 지속적으로 연결시켜 나가는 것은 그리 쉬운 일만은 아니라 할 것입니다. 삼위일체, 창조, 성육신, 죄와 사망, 언약과 중생, 구원계획과 십자가의 의미, 그리고 부활과 영원의 문제, 종말과 재림 등과 같은 하나님께서 창세전부터 계획하신 그분의 작정과 섭리의 뜻을 자신의 삶 가운데서 하나님과의 관계로 밀접하게 고민해 보는 것은 쉽지만은 않기 때문입니다. 특히 오늘날 번영신학과 성공철학 그리고 끊임없는 소비지상주의 세상을 지배

삶의 영성과 재정

하고 있는 물질 만능시대에 신앙인으로서 삶의 영성을 기준으로 한 성경적 재정관은 소유와 존재가치 사이에서 자신에게 매 순간 고민을 제공하고 있다 해도 과언이 아닐 것입니다.

성경적 번영신학의 본질은 "그러므로 염려하여 이르기를 무엇을 먹을까 무엇을 마실까 무엇을 입을까 하지 말라 이는 다 이방인들이 구하는 것이라 너희 하늘 아버지께서 이 모든 것이 너희에게 있어야 할 줄을 아시느니라 그런즉 너희는 먼저 그의 나라와 그의 의를 구하라 그리하면 이 모든 것을 너희에게 더하시리라"(마6:31~33) 하면서 영원을 향한 십자가의 번영신학을 말씀하고 있습니다. 그런데 안타깝게도 그리스도인 공동체 안에서조차 성경 일부분을 인용한 축복신앙이 마치 복음의 전부인 것처럼 말하며 물질적인 번영을 하나님의 축복으로 연결하고 있습니다. 이러한 번영신학은 자칫 말씀의 진리를 가볍게, 죄책감은 외면하되, 물질의 복을 강조하고, 마음의 욕망을 쉽게 채울 수 있는 길을 제시할 수가 있습니다.

신앙인의 삶에 있어서 영성과 직결되는 것은 주어진 재물을 어떻게 잘 사용하는가에 관한 물질관이 그 척도가 될 것입니다. 하나님은 돈에 대한 반듯한 삶과 신앙의 교훈을 성경을 통해 말씀하고 계시기 때문입니다. 성경에는 하늘나라 복음 다음으로 많이 기록한 것이 돈(재물)에 관련된 말씀인데, 무려 2,350여 번 기록되어 있습니다. 이러한 사실에서 자칫 번영신학과 축복신앙은 우리가 말씀의 진리에 소홀히 하는 순간 과시적 소비에 대한 죄책감을 제거해 버리고 궁핍한 자들의 울부짖음에 둔감한 영적 청각장애우로 만들어 버릴 수 있습니다.

이러한 시대적 상황 속에서 EPS는 성경을 통해 주님이 진정으로 가르치시고자 하는 것이 무엇인지 고민하는 사역자들이 그 뜻을 함께하여 지난 2008년부터 소그룹교육, 상담, 강연, 사경회, 중보기도, 웹사이트 및 세미나를 통해 삶의 영성과 기독교 재정관을 체계적으로 훈련하고 있습니다.

"하나님은 우리를
존재의 목적으로 세웠습니다!"

핵심 가치

1. 성경은 '삼위일체 하나님'을 선포하는 진리의 말씀이다.

2. 우리는 예수 그리스도를 통하여 '그리스도 영'을 회복하는 자가 되길 원한다.

3. 예수 그리스도를 아는 것이 영원한 생명(영생)임을 믿는다.

4. 모든 것의 소유주는 하나님이시다.

5. 우리가 가지고 있는 모든 것은 주인 되신 하나님이 맡기신 것이다.

6. 맡겨진 소득과 소비의 재정적 결정은 영적인 선택이다.

7. 되돌려 드림과 섬김과 나눔 그리고 베풂의 삶은 주님이 말씀하신 명령이다.

8. 영원히 남을 일에 투자하는 것이 가장 지혜로운 행동이다.

9. 우리의 성공과 실패는 이 땅이 아닌 주님 앞에서 마지막 결산 시 결정된다.

10. 삶의 영성과 성경적 재정관 확립으로 영원의 관점으로 살아가는 청지기가 된다.

EPS 소그룹 모임에 참여하신 여러분을 진심으로 환영합니다

　　오늘날 우리는 인류역사상 가장 풍요로운 시대에 살고 있다 해도 과언이 아닙니다. 이러한 시류는 풍요와 속도에 열광하며 옳고 그름보다는 좋고 싫음으로 삶의 순간들을 결정하곤 합니다. 특히 속도감 있는 변화 속에 경쟁의 긴장감은 문명의 진보라는 틀 속에서 빠르게 합리와 보편으로 편입시킵니다. 하지만 이해할 수 없는 사실은 그럴수록 현실은 모두에게 오히려 '상대적 박탈감'만을 느끼게 한다는 점입니다.

　　더욱이 우리 삶의 현장은 모든 사람에게 예외 없이 그 시대의 유행과 세속적인 문화에 몰입되게 하고, 윤리성을 상실한 금융자본주의 변종원리에 사로잡혀 소비 욕구의 극대화를 향해 질주하게 합니다. 그로 인해 우리 시대에 돈과 관련한 소득, 지출, 대출, 부채 등 경제적 삶의 방식들과 관련하여 파생되는 수많은 문제가 궁극적으로는 도덕과 윤리 그리고 영적 신앙의 가치까지 가차 없이 침범하고 있습니다. 안타까운 것은 그리스도인 중 대부분도 예외 없이 성경적 관점이 아닌 세속적인 정치·경제·문화적 요소들과 그 영향력에 침몰당한 채 영적 분별력을 가지지 못한 행동을 하고 있다는 사실입니다. 이 같은 현실은 불완전한 인간이 자신의 이성적 생각과 판단을 가치 기준으로 삼고 결정하기 때문입니다.

이에 성경은 하늘나라의 영생에 대한 계시의 말씀 다음으로 돈과 소유에 관해 가장 많이 기록하고 있습니다. 그 이유는 인간이 죄로 인해 에덴을 떠난 후 하나님은 인간의 구원 그리고 이 땅의 돈과 소유에 관한 경고를 통해 우리가 되돌아가야 할 곳은 창조가 회복된 영원한 나라에 두고 있어야 함을 잊지 않게 하기 위해서입니다.

안타까운 것은 오늘날 교회와 그리스도인들이 십자가, 천국과 지옥, 영원한 나라를 향한 구원과 상급에 둔감해져 있다는 점입니다. 아마도 그것은 너무나 무거운 주제이며 불편한 진리이기 때문일 것입니다. 반면 맘모니즘(mammonism)의 물질관은 인간의 이성을 지배하며 신앙의 가치관을 마비시킬 정도로 자본시장에서 이윤의 극대화와 소비지상주의 물결을 타고 침투해 있습니다. 그러므로 오늘날 교회가 가장 중요하게 전할 사명 중의 하나는 성도들이 돈을 다루는 데 영적인 관점에서 행동하게 하는 것입니다. 이 책은 성경을 중심으로 먼저 우리 삶의 영성을 재점검하고 그에 기준으로 한 재정관리 실천을 훈련해 나가는 목적으로 쓰여 있습니다.

> "사랑하는 자여 네 영혼이 잘됨같이 네가 범사에 잘되고 강건하길 내가 간구하노라."(요삼:2)

☞ **먼저 영혼이 깨끗해야 세상의 재물을 잘 관리할 수 있다.**

EPS 훈련과정

총 10주로 소그룹 모임을 통해 이루어집니다.
- **(영성 편)**에서는 1주차: 영성과 거룩의 재발견. 2주차: 나는 누구인가? 3주차: 진정한 복과 보물은 무엇인가? 4주차: 하나님의 청지기 직. 5주차: 영원의 관점으로.
- **(재정 편)**에서는 6주차: 소유와 소비 그리고 빚. 7주차: 저축과 투자. 8주차: 드림과 나눔의 비밀. 9주차: 안식과 일 그리고 은퇴. 10주차: 가정에서 청지기의 삶으로 구성되어 있습니다.

이 훈련과정을 성령의 인도하심으로 잘 참여하셔서 기존의 관점과 생활이 바뀌고 변화된 삶의 모본을 통해 가정과 교회, 그리고 사회에 하나님의 자녀 된 충직한 청지기로서 증인된 삶을 살아가길 축복합니다.

1. 학습지침
- 소그룹 모임 구성인원은 인도자를 포함한 12명 이내가 바람직합니다.
- 모든 구성원은 10주간의 모임 중 최소한 9번 이상 참석하여야 합니다.
- 모임은 찬양과 기도로 시작하고 중보기도로 마칩니다.
- 삶의 영성 및 재정훈련임으로 '실천 적용과제'는 지속해서 훈련해 나가야 합니다.
- 주제마다 지정된 '암송 구절'은 시작 기도 후 개인별 암송을 원칙으로 합니다.
- 소그룹 구성원들은 '중보기도일지'를 작성하여 서로 매일 기도해 줍니다.
- 해당 과제를 예습하지 않은 학습자에 대해 토론 참여를 제한할 수 있습니다.
- 모임은 3시간을 기준으로 하되 자체 협의로 탄력적인 운영을 할 수 있습니다.
- 구성원은 어떤 경우에도 소그룹훈련을 통해 이단적 포교와 상업성이 담긴 영리행위를 목적으로 참석해서는 안 됩니다.
- 수료 후 성경적 삶의 지속성을 위해 재교육 및 그룹별 Reunion모임을 합니다.

삶의 영성과 재정

2. 운영 방침

- EPS 청지기는 성경적 영성·재정원칙을 영원의 관점에서 현실의 가정, 교회, 기업이나 단체 등 다양한 신앙적 삶의 영역에 소그룹훈련, 강연, 상담, 자료 제공, 세미나, 사경회 등으로 복음 사역을 전하고 섬깁니다.
- EPS 청지기는 청지기 사명을 가지고 비영리로 운영되므로 세상의 투자 조언이나 어떠한 영리 행위에 이용해서는 안 됩니다.
- EPS 청지기는 교육에 참여하는 학습자들의 등록금과 후원으로 운영합니다.
- EPS 청지기 수입금은 사역과 선교 및 열방 복음 전도에 재투자됩니다.

○**본부:** 대한민국 서울(비영리 재단법인 EPS 청지기재정 교실)

○**대표:** 정병일

  📞 연구실: (070) 7717-7611

  📱 Mobile: 010-6361-5759

  ✉ E-Mail: jbi153@naver.com

○**웹사이트:** https://blog.naver.com/jbi153

○**후원계좌:** 신한은행 100-025-573735 (재) EPS 청지기재정 교실

목차

영성 편

삼위일체* 하나님

"주 예수 그리스도의 은혜와 하나님의 사랑과 성령의 교통하심이 너희 무리와 함께 있을지어다"(고후13:13)

성부 하나님

1) 하나님의 본질

백두산을 배낭에 집어넣으려 한다든지 천지의 물을 한 컵에 다 담으려는 무리수를 두지 말아야 하듯이 인간의 이성과 분석적 지식으로는 우리가 하나님에 대해 정의하는 것이 불가능하다는 사실을 깨달아야 한다. 하나님은 우주의 주권적 창조자이시며,

---

* 도입 부문 주제인 **삼위일체**는 마틴 로이드 존스의 "성경 교리강좌 1, 2권"을 중심으로 알리스트 맥 그리스의 "모든 사람을 위한 기독교"와 "아가페 성경 사전"을 참고하였음을 밝힌다.

자비로운 구속자, 인류의 신실한 보존자로서 성경을 통해서 계시된 은혜로운 인격체이시다. 다시 말해 하나님은 인간이 삶과 자연을 통해 철학적인 사색으로 획득된 지식의 범위 안에서 규정된 분이 아니라 **하나님은 스스로 계신 전능자**이신 것이다. 그러한 하나님은 만물의 창조주시며 모든 창조물을 통치하며 자기의 뜻에 따라 섭리하시는 거룩하신 분이시다.

따라서 우리 신앙의 출발은 '**하나님**'으로부터 시작해야 한다. "태초에 하나님이 천지를 창조하시니라"(창1:1) 이 선포는 궁극적으로 하나님을 아는 지식이 다른 모든 말씀의 총합이란 뜻이다. 즉 하나님에 대한 지식 없이는 말씀에 아무런 뜻도 아무런 의미나 목적도 부여되지 않는다. 따라서 하나님의 본질적 존재는 사람들이 논증할 수 있는 대상이 아니라 '선언한다'는 데 있다. 이에 대해 칼 바르트(Karl Barth)는 그의 책 『교의학 개요』에서 "하나님은 오직 그분께서 그분의 고유하신 자유 안에서 그분 자신이 인지되도록 만드실 때만 사고하고 인식될 수 있는 분이시다. 하나님은 한마디로 그분의 고유하신 계시 안에서 그분 자신이 인간에게 알려지도록 만드신 분이지 그분이 인간에 의해서 생각해내어서 명명된 분이 아니라는 사실이다." 그래서 성경은 "하나님께 나아가는 자는 반드시 그가 계신 것과 또한 그가 자기를 찾는 자들에게 상 주시는 이심을 믿어야 할지니라"(히11:6)라고 표현하고 있다.

성경은 하나님과 우리와의 관계를 다음 네 가지로 기록하고 있다.

첫째는 '인격적인 관계'이다. 하나님은 자기 백성과 생생한 관계를 유지하는 살아계신 하나님으로 '계시'하신다(신5:26; 렘10:10).

둘째는 '유일한 주권자'시다. 여호와는 오직 하나의 하나님이시며(신6:4), 그 앞에 다른 신들이 없다(출20:3; 사45:5). 하나님은 인간과 피조물의 구원을 약속하시고(사2:2~4), 온 땅의 주가 되시며(수3:11), 천지의 모든 것을 초월하신 고결한 분이다(사57:15).

셋째는 '만물의 창조자'시다. 창조는 하나님의 능력과 주권을 나타낸다. 그것은 말씀으로 이루어졌고(시33:6), 그분의 지혜와 권능으로 세워졌으며(잠3:19~20), 토기장이가 빚은 것처럼 지어졌다(사29:15~16). 그리고 새 하늘과 새 땅으로 구원을 계획하신다(사66:22).

넷째는 '하나님은 영원 전부터 변치 않는 계획을 세우고 계신 분'이시다. 즉 하나님의 영원하신 작정의 은혜를 알게 되면 우리에게 엄청난 위로와 신앙의 심화를 가져다준다. 이에 대해 성경은 "창세 전에"(엡1:4), "때가 차매"(갈4:4), 하나님은 영원 전부터 그의 피조물에 대해 변치 않는 계획을 세우고 계셨다. 그 계획 속에 사람들의 구원은 세상이 창조되기 전 이미 하나님이 결정하셨다는 사실이다.

> "깊도다 하나님의 지혜와 지식의 풍성함이여 그의 판단은 헤아리지 못
> 할 것이며 그의 길은 찾지 못할 것이로다"(롬11:33)

이 말씀은 '예배하는 자'라면 하나님의 존재와 도덕적 통치를 '믿어야 한다'라는 의미이다. 이러한 하나님의 본질은 '절대적 속성'과 '보편적 속성'으로 구분할 수 있다.

● 절대적 속성에 속하는 것들

무한하심(왕상8:27), 영원하심(사57:15), 전능하심(렘32:17), 지혜로우심(행15:18).

● 보편적 속성에 속하는 것들

선하심(시5:5~6), 거룩하심(계4:8), 공의로우심(시89:14), 오래 참으심(출34:6~7), 보응하심(신32:34~41), 진노하심(신32:22).

삶의 영성과 재정

여기서 '하나님의 속성'이란 하나님의 특성을 가리키는 하나님의 신성을 표현하는 본질적인 성질을 뜻한다. 로이드 존스는 이를 "하나님이 우리에게 계시하시기를 기뻐하셨고, 어느 정도는 우리가 이해할 수 있는 하나님에 대한 사실들, 하나님의 위대하고 영광스러운 영원한 본성의 몇 가지 측면을 의미한다"라고 묘사했는데, 이는 곧 **하나님의 품성**을 의미한다. 그런데 이 하나님의 속성에는 인간이 가질 수 없는 '비 공유적 속성' 즉 (1) 영원성과 불변성 (2) 편재성 (3) 전지성 (4) 전능하심과 다르게는 하나님과 그의 형상으로 지음을 받은 인간이 함께 가질 수 있는 (1) 지혜 (2) 의로우심 (3) 선하심과 사랑 (4) 신실하심 등과 같은 '공유적 속성'으로 구분하고 있다. 이때 하나님의 공유적 속성은 인간이 가지고 있는 속성들과 유사하지만, 인간의 속성들은 하나님의 공유적인 속성에 비하여 불완전하게 공유함을 전제한다.

이에 우리 주님은 하나님에 대해 "세상 중에서 내게 주신 사람들에게 내게 아버지의 이름을 나타내었나이다"(요17:6)라고 말씀하시면서 제자들에게 하나님을 어떻게 생각해야 할지, 그리고 그분을 어떻게 알아야 할지를 가르치셨다. 그저 하나님을 막연히 알게 하신 것이 아니라 예수 그리스도를 통하여 구체적으로 깊이 살펴보도록 헤아리신 것이다. 하나님은 인격적인 분이시며 하나의 인격으로서 행동하시고 자신을 계시하신다. 그중 하나님은 자신에게 부여하신 이름들을 통하여 자신에 대한 놀라운 진리를 우리에게 계시해 주고 계신다.

2) 하나님의 이름

하나님의 이름은 엘(최고), 엘로힘(두려움), 엘론(고귀한 분), 아도니아(전능하신 주), 여호와(스스로 계신 분) 등으로 묘사되고 있다.

▶ 권위를 나타내며(출3:13)

▶ 예배에서 불리며(창12:8)

▶ 두려움이 되며(신28:58)

▶ 찬양을 받게 되며(시7:17)

▶ 영광을 받으시며(시86:9)

우리 역시 이러한 이름들을 구체적으로 깨달을 때 우리는 믿음 안에서 평안과 위로, 기쁨을 발견할 수 있게 된다. 이처럼 하나님은 모든 이름 위에 뛰어난 이름이시며 하나님 자신이신 그분의 아들 예수 그리스도 안에서 자신을 계시해 보이셨다. 그리고 예수 그리스도께서는 세상의 시간 속으로 들어오셔서 우리에게 다가오신 임마누엘 하나님 '우리와 함께하시는 하나님'으로 권능의 통치자, 영원한 하나님을 삶으로 계시 하셨다.

이처럼 하나님은 **'창세 전에 정하신 영원하신 작정'**을 진행하고 계신 분이시다. 그러므로 우리가 그러한 하나님의 자녀가 된 것은 하나님이 그렇게 결정하셨기 때문이라는 사실과 하나님이 우리에 대해 결정하신 일들은 확실하고, 안전하고, 틀림없다는 사실만 깨닫고 신뢰하면 된다.

성자 예수 그리스도

1) 예수 그리스도는 우리에게 어떤 존재인가?

기독교 신앙은 전적으로 예수 그리스도에 대한 신앙이며, 그가 누구이며, 어떤 일을 하셨고, 또 우리에게 어떤 존재인가를 아는 것에 대한 신앙이다.

"오직 이것을 기록함은 너희로 예수께서 하나님의 아들 그리스도이심

을 믿게 하려 함이요 또 너희로 믿고 그 이름을 힘입어 생명을 얻게 하

려 함이니라"(요20:31)

사도바울은 예수 그리스도에 관해 다음과 같이 기록했다.

"그러나 우리나 혹은 하늘로부터 온 천사라도 우리가 너희에게 전한 복

음 외에 다른 복음을 전하면 저주를 받을지어다"(갈1:8)

"구원자는 오직 예수 그리스도뿐이다."라는 말씀의 진리는 분명하고 절대적으로 명
확하게 규정되어 있다. 그러므로 우리가 참 그리스도인(롬8:9)이라면 예수 그리스도의
무엇을 믿고 있는지 분명하게 말할 수 있어야 한다. "나는 예수를 믿어요"라고 말하는
것만으로는 충분하지 않다. 성경은 여러분에게 진실로 묻고 있다. "여러분은 예수 그
리스도에 대해 무엇을 믿는가?" "예수 그리스도는 단지 사람일 뿐인가? 아니면 단지
하나님일 뿐인가?" "예수 그리스도는 정말 육체로 오셨는가? 아니면 그렇지 않은가?"
"그가 무엇을 하셨는가?" "그의 돌아가심의 의미는 무엇인가?" 이처럼 성경은 지금 우
리에게 예수 그리스도가 어떤 분이신가를 분명하게 답하길 요청하고 있다. 그리스도
는 구약의 '메시아'에 대한 신약의 호칭이다. 이 그리스도는 창세 전부터 이미 기름 부
음 받은 자로서 하나님과 인간 사이의 화목자로서 중보자이신 구세주의 직임과 연관
시킨다.

"하나님이 우리를 구원하사 거룩하신 소명으로 부르심은 우리의 행위

대로 하심이 아니요 오직 자기의 뜻과 영원 전부터 그리스도 예수 안에

서 우리에게 주신 은혜대로 하심이라"(딤후1:9)

사도바울은 그리스도에 대해 창세 전부터 하나님께서 가지셨던 뜻을 "하늘에 있는 것이나 땅에 있는 것이 다 그리스도 안에서 통일되게 하려 하시리라"(엡1:10)고 요약한다. 신성(神性)으로서의 그리스도는 창세전에 이미 존재하신 자로 영원하고 참되신 하나님으로 계셨다(요1:1). 또한 인성(人性)으로서의 그리스도는 그가 이 세상에 오셨을 때 사람인 체한 것이 아니라 육신이 되셨다. 그런데도 계속 하나님이셨다(요1:14).

"…그는 만물 위에 계셔 세세에 찬양을 받으실 하나님이시니라"(롬9:5)

또 요한은 그리스도를 찬양하면서 "그는 참 하나님이시오 영생이시라"(요일5:20)라고 고백하고 있다. 그는 한 인간으로서 사람들 가운데 사셨으며 즐거움과 기쁨과 슬픔을 함께 나누신 분이다. 그리스도는 비록 그 자체는 죄가 없으셨으나 죄로 인하여 연약해진 인성을 아담으로부터 물려받았다. 곧 그리스도는 '죄 있는 육신의 모습'으로 이 땅에 오신 것이다(롬8:3). "우리의 질고를 지고 슬픔을 당하셨지만, 그는 다른 사람들과 구별되지 않으셨고"(사52:2~3), 또한 히브리서 기자는 "그리스도는 모든 일에서 우리와 한결같이 시험을 받는 자로되 죄는 없다"(히4:15)라고 기록하였다. 이렇듯 그리스도는 하나님의 참 아들이시며 성령으로 기름을 부음 받은 선지자이셨으며 우리의 유일하신 대제사장이 되시고 영원한 왕이신 분이다.

성경은 이 **예수 그리스도**에 관하여 다음과 같이 구체적으로 증언하고 있다.

첫째, 예수 그리스도가 모든 구약의 예언과 약속의 성취라고 말하고 있다.

"하나님의 약속은 얼마든지 그리스도 안에서 예가 되니 그런즉 그로 말미암아 우리가 아멘 하여 하나님께 영광을 돌리게 되느니라"(고후1:20)

삶의 영성과 재정

"이 약속들은 아브라함과 그 자손에게 말씀하신 것인데 여럿을 가리켜 그 자손들이라 하지 아니하시고 오직 한 사람을 가리켜 네 자손이라 하셨으니 곧 그리스도라"(갈3:16)

둘째, 오직 예수 그리스도만을 통하여 하나님과 화목할 수 있고 오직 그를 통해서만 하나님을 알 수 있다.

"새 언약의 중보자이신 예수와 및 아벨의 피보다 더 나은 것을 말하는 뿌린 피니라"(히12:24)

셋째, 그가 자기 손에 만물을 붙들고 계신다는 사실이다. 하늘과 땅의 모든 권세가 예수께 주어졌다.

"예수께서 나아와 말씀하여 이르시되 하늘과 땅의 모든 권세를 내게 주셨으니"(마28:18)

"그가 모든 원수를 그 발아래 둘 때까지 반드시 왕 노릇 하시리니"(고전 15:25)

"또 만물을 그의 발아래 복종하게 하시고 그를 만물 위에 교회의 머리로 삼으셨느니라 교회는 그의 몸이니 만물 안에서 만물을 충만하게 하시는 이의 충만함이니라"(엡1:22~23)

넷째, 예수 그리스도는 장차 세상을 심판하실 분임을 명시하고 있다.

"또 인자되므로 말미암아 심판하는 권한을 주셨느니라"(요5:27)

"이는 정하신 사람으로 하여금 천하를 공의로 심판할 날을 작정하시고 이에 그를 죽은 자 가운데서 다시 살리신 것으로 모든 사람에게 믿을 만 한 증거를 주셨음이니라 하니라"(행17:31)

2) 선지자 · 제사장 · 왕이신 예수 그리스도

이 중보자 예수 그리스도는 선지자, 제사장, 왕이라는 세 가지 직무를 수행하신다.

● 선지자로서 그리스도

먼저 **'선지자로서 그리스도'**는 우리와 함께하시는 하나님의 표상으로 하나님을 대신하여 말하고 하나님으로부터 오는 말씀을 우리에게 전하신다. 신명기18:18에서는 "내가 그들의 형제 중에서 너와 같은 선지자 하나를 그들을 위하여 일으키고"라고 기록되어 있다. 이것은 하나님이 모세에게 하신 말씀으로 그때부터 이스라엘 백성은 선지자를 기다렸다. 베드로의 설교에서도 그는 신명기18장 모세의 말을 인용하여 "또한 사무엘 때부터 이어 말한 모든 선지자도 이때를 가리켜 말하였느니라"(행3:19~26)라고 말했다.

"내가 내 자의로 말하는 것이 아니요 나를 보내신 아버지께서 내가 말할 것과 이를 것을 친히 명령하여 주셨으니 나는 그의 명령이 영생인 줄 아노라 그러므로 내가 이르는 것은 내 아버지께서 내게 말씀하신 그대로니라"(요12:49~50)

이를 통해 주님이 선지자이심을 알게 하신다.

● 제사장이신 그리스도

'제사장이신 그리스도'는 하나님 앞에서 우리를 대표하는 역할수행을 하신다. 즉 선지자는 하나님의 메시지를 가지고 사람에게 나아오지만, 제사장은 사람을 대신하여 하나님께로 나아간다.

> "여호와께서 그에게 상함을 받게 하시기를 원하사 질고를 당하게 하셨은즉 그의 영혼을 속건제물로 드리기에 이르면 그가 씨를 보게 되며 그의 날은 길 것이요 또 그의 손으로 여호와께서 기뻐하시는 뜻을 성취하리로다"(사53:10)

> "네 백성과 네 거룩한 성을 위하여 일흔 이레를 기한으로 정하였나니 허물이 그치며 죄가 끝나며 죄악이 용서되며 영원한 의가 드러나며 환상과 예언이 응하며 또 지극히 거룩한 이가 기름 부음을 받으리라"(단 9:24)

세례요한 또한 "보라 세상 죄를 지고 가는 하나님의 어린 양이로다"(요1:29) 요한일서 2:2에도 "그는 우리 죄를 위한 화목제물이니 우리만 위할 뿐 아니요 온 세상의 죄를 위하심이라" 베드로도 그의 서신에서 "친히 나무에 달려 그 몸으로 우리 죄를 담당하셨으니 이는 우리로 죄에 대하여 죽고 의에 대하여 살게 하려 하심이라 그가 채찍에 맞음으로 너희는 나음을 얻었나니"(벧전2:24) 이어서 "그리스도께서도 단번에 죄를 위해 죽으사 의인으로서 불의한 자를 대신하셨으니 이는 우리를 하나님 앞으로 인도하려 하심이라 육체로는 죽임을 당하시고 영으로는 살리심을 받으셨으니"(벧전3:18)

이상의 구절들은 예수 그리스도께서 우리의 대제사장이심을 가르치고 있다. 그는 대제사장으로서 그치는 것이 아니라 또한 우리의 대언자로서 기도로 우리를 위해 간구하시고 계신다(요17장). 이를 통해 그가 우리를 위해 탄원하실 때 주님 존재 자체로 인하여 속죄가 이루어지고 화목제물로 받쳐졌다는 사실을 확인할 수 있다(요일2장). 즉 예수 그리스도 생명의 희생(히9:26)을 통하여 자기 자신의 의를 확증하는 일과 죄인들을 위한 속죄의 성취를 하신 분으로서 제사장은 본질에서 두 가지 주된 일을 하는 중보자이다.

첫째. 사람들을 대신하여 하나님과의 '중재의 역할'을 하고, 둘째. 제사를 통해 '화목'하게 한다. 화목(propitiation)에 관해서는 로마서와 요한일서에서 이렇게 진술하고 있다.

> "그리스도 예수 안에 있는 속량으로 말미암아 하나님의 은혜로 값없이 의롭다 하심을 얻은 자가 되었느니라 이 예수를 하나님이 그의 피로써 믿음으로 말미암는 화목제물로 세우셨으니 이는 하나님께서 길이 참으시는 중에 전에 지은 죄를 간과하심으로 자기의 의로우심을 나타내려 하심이니"(롬3:24~25)

> "그는 우리 죄를 위한 화목제물이니 우리만 위할 뿐 아니요 온 세상의 죄를 위하심이라"(요일2:2)

그러므로 그리스도의 제사장 기능은 사람들을 대신해 하나님과의 관계를 '중재하는 것'과 이를 통해 하나님과 '화목하게 하는 것'으로 요약할 수 있다.

● 왕 되신 그리스도
'왕이신 예수 그리스도'의 하신 일, 즉 주님이 왕권자로서 주님이 십자가에서 행하신 일은 복되신 삼위일체의 두 번째 위 격으로서 주님은 창조의 시작부터 언제나 만물에 대한 하나님의 통치권을 공유하셨다. 성경은 예수 그리스도께서 '중보적 왕권(mediatorial kingship)'이라고 부르는 특별한 왕권을 가지고 계신다고 말한다. 중보적 왕권의 정의는 하나님의 영광을 위해 그리고 하나님의 구원 목적을 시행하기 위해 하늘과 땅에 있는 모든 것을 다스리시는 주님의 권세를 의미하는 것으로, 이것은 성경의 위대한 주제이기도 하다. 이 중보적 왕권은 새 하늘과 새 땅이 나타날 때까지, 즉 "피조물도 썩어짐의 종노릇 한 데서 해방되어 하나님 자녀들의 영광의 자유에 이르게"(롬 8:21) 될 때까지 지속될 것이다. 또한 이 왕권은 고린도전서15:24~28의 말씀이 성취될 때까지 지속될 것임을 기록하고 있다.

> "그 후에는 마지막이니 그가 모든 통치와 모든 권세와 능력을 멸하시고 나라를 아버지 하나님께 바칠 때라 그가 모든 원수를 그 발아래 둘 때까지 반드시 왕 노릇 하시리니 맨 나중에 멸망 받을 원수는 사망이니라 만물을 그의 발아래 두셨다 하셨으니 만물을 아래 둔다 말씀하실 때 만물을 그의 아래 두신이가 그중에 들지 아니한 것이 분명하도다 만물을 그에게 복종하게 하실 때에는 아들 자신도 그 때에 만물을 자기에게 복종하게 하신 이에게 복종하게 되리니 이는 하나님이 만유의 주로서 만유 안에 계시려 하심이라"

이렇게 예수 그리스도에 대하여 선지자, 제사장, 메시아 왕으로서의 사역이 예언되어 있다. 이처럼 예수 그리스도에 대한 위대한 진술은 예언이 그를 가리키고 예수 그리스도가 그 예언을 성취하리라는 것이다. 그러므로 그리스도는 영원한 나라에서 무한하신 능력과 공의와 진리로서 통치할 왕으로 기름 부음 받으신 분이시다.

성령(Holy Spirit)

1) 성령에게 주어진 이름과 호칭

기독교 신앙에서 영성의 중요성을 깨달으려면 하나님과의 관계를 가능하게 하고 유지시키시는 '성령의 역할'을 주목하여야 한다. 따라서 성령을 이해하는 좋은 방법은 먼저 성령에게 주어진 이름들과 묘사된 호칭들을 살펴보는 것이다.

첫째, 성부 하나님과 관계시켜 묘사한 호칭

하나님의 영(창1:2), 주의 성령(눅4:18), 우리 하나님의 성령(고전6:11), 주 여호와의 영(사61:1), 너희 아버지의 성령(마10:20), 살아계신 하나님의 영(고후3:3), 나의 영(창6:3), 주의 영(시139:7), 하나님의 영(민11:29), 죽은 자 가운데서 살리신 이의 영(롬8:11) 등이 있다.

둘째, 성령을 성자와 관련시키는 호칭

"누구든지 그리스도의 영이 없으면 그리스도의 사람이 아니라"(롬8:9), 예수 그리스도의 성령(빌1:19), "하나님이 그 아들의 영을 우리 마음 가운데 보내사"(갈4:6), 주의 영(행5:9)에 기록되어 있다.

셋째, 성령을 직접적이거나 개인적인 호칭

직접적인 호칭은 성결의 영(롬1:4), "너희는 거룩하신 자에게서 기름 부음을 받고"(요일2:20), "그분은 영원하신 성령"(히9:14), "이는 그리스도 예수 안에 있는 생명의 성령의 법이 죄와 사망의 법에서 너를 해방하였음이라"(롬8:2), 진리의 영(요14:17), 성령을 보혜사(요14장, 15장, 16장) 이상의 것들이 성령의 이름을 혹은 묘사한 호칭들이다.

2) 성령의 사역들

그에 따라 삼위일체의 한 위 격으로서 성령에 대해 성경은 하나님의 '구원을 적용하는 분'이라고 가르친다. 즉 그리스도의 구원 사역을 적용하시는 모든 일에 있어서 '거룩함'과 '질서'를 회복시키는 것이 성령의 특별한 사역이다. 나아가 성령의 궁극적인 사역은 우리를 하나님의 자녀로서 거룩한 백성이 되도록 만드신다. 또 영들 즉 악한 영들과 구분하기 위한 역할을 감당하신다. 이는 영들이 하나님께 속하였는지 분별하라는 말씀에서 확인할 수 있다. "사랑하는 자들아 영을 다 믿지 말고 오직 영들이 하나님께 속하였나 분별하라 많은 거짓 선지자가 세상에 나왔음이라"(요일4:1) 이처럼 성령은 하나님의 거룩함과 질서 회복을 위해 구원을 적용하는 사역을 감당하신다. 또한 성령은 개인적인 것뿐만 아니라 그리스도의 몸 곧 교회로 나타나는 새로운 통일체 사역을 감당한다(고전12:13; 엡2:19~22). 성령의 활동들은 모두 그리스도 안에서 새로운 공동체를 창조하고, 그 구성원들을 거룩하게 하며 전도를 통한 확장을 위해 그들에게 은사를 부여하는 데 사역의 목적을 두고 있다(고전12:4~13; 엡4:11~12).

따라서 성령 안에서 개인과 교회공동체 생활은 성화의 길을 가는 과정이라 할 수 있다(롬15:16; 고전1:2). 이 과정에서 성령은 믿음의 보증이 되어(고후5:5~7), 옛 생활의 종이 됨과 부패로부터 해방케 하여 하나님의 자녀가 되는 자유를 준다(고후3:17; 롬8:15~16; 갈4:6~7). 또한 성령은 하나님 나라를 선포해야 할 사명을 위해 말씀 선포의 직분으로 부름을 받은 사람들을 인도하고 도와준다. 이 영은 항상 참 그리스도인들을 진실로 인도하고(롬8:14), 그 마음을 비춰 준다(고전2:9~11). 그러므로 성령은 부르심을 받은 개인과 택하신 교회공동체들을 새롭게 하고, 일으키시며, 또 그들을 내보내시며(행8:29), 복음을 선포할 수 있도록 한다(행4:8; 고전2:4).

나아가 성령은 그리스도 사역과 연합하여 우리에게 그리스도의 죽음과 부활의 참

여자가 되게 하고 이를 통해 그리스도의 통일체로 서로 하나가 되게 한다. 이를 위해 성령은 이 모든 것을 하나님의 영광을 위해서 행하며 그러한 영광의 영역으로 우리를 옮겨 영원한 나라의 능력(히6:5)을 맛볼 수 있도록 이끈다. 그러므로 성령을 통한 새 창조의 특징은 모든 믿는 자들을 위한 성화의 길을 통해 영적인 열매를 맺게 하여 그리스도와 성령 안에서 사는 새로운 생활을 계시한다. 더불어 우리가 직시해야 할 것은 성령이 다스리지 않거나 다스릴 수 없는 삶의 영역이란 존재하지 않는다는 사실이다. 즉 삶에 영향을 주지 않거나 영향을 받지 않는 성령 통치는 존재하지 않는다는 것을 깨달아야 한다는 것이다.

3) 성령의 신적 인격의 증거

먼저 **'인격으로서의 성령'**에 관해 "그러나 진리의 성령이 오시면 그가 너희를 모든 진리 가운데로 인도하시리니"(요16:13) 이것이 첫 번째 증거와 함께 성령을 성부 및 성자와 동일시하는 성령이 인격이심을 보여 준다. 또 이를 뒷받침하는 중요한 두 가지 논증으로는 세례 신조로 "아버지와 아들과 성령의 이름으로 세례를 베풀고"(마28:19) 이 구절이 성부=성자=성령을 연결하여 인격이심을 확인시켜 주고 있으며, 이것은 세 위격의 하나 됨, 하나 안에 계신 세 분, 즉 한 이름, 한 하나님이시지만 성부, 성자, 성령인 것을 말한다. 이처럼 세 위격의 동등한 인격은 "주 예수 그리스도의 은혜와 하나님의 사랑과 성령의 교통하심이 너희 무리와 함께 있을지어다"(고후13:13)라는 구절을 통해 세 위격이 동등한 인격이심을 나타내고 있다.

더욱이 성령의 인격이 강조되는 최고의 교리는 실제적이고 경험적인 면에서 **'우리의 몸이 성령의 전'**이기 때문에 내가 무엇을 하고 어디로 가든지 성령께서 내 안에 계신다는 점이다. 이 사실을 깨닫는 것만큼 성화와 거룩함을 촉진시키는 것은 없다. "너희 몸은 너희가 하나님으로부터 받은바 너희 가운데 계신 성령의 전인 줄을 알지 못하느냐"(고전6:19) 우리가 참 그리스도인이라면 어디에 있든, 어디로 가든, 성령이 우리 안에 계신다는 사실과 또한 구원의 복을 정말로 누리길 원한다면 그 일은 우리의 몸이 성령의 전임을 앎으로써 가능해진다.

더불어 우리가 간과하지 말아야 할 것은 우리는 성령의 인격성뿐 아니라 **'신성'**도 확실히 믿어야 한다. 오직 그리스도인들만이 '삼위일체 교리'를 받아들이며, 이단들은 이것을 믿지 못한다. 그러므로 삼위일체를 믿는 것은 모든 진리를 여는 열쇠가 된다.

첫째 증거는 성경 자체가 성령의 신성을 명확하게 주장한다. 아나니아를 향한 베드로의 질책에서 "아나니아야 어찌하여 사탄이 네 마음에 가득하여 네가 성령을 속이고 땅값 얼마를 감추었느냐?"라고 물은 후 "사람에게 거짓말한 것이 아니요 하나님께로다"라고 말하고 있다(행5:3~4). 베드로는 이 구절에서 성령을 속이고 하나님께 거짓말을 하였다고 했다. 이는 '성령 하나님'을 언급한 것이다.

둘째 증거는 성령은 '영원하시다'라고 기록되어 있는데 이는 성령이 하나님이심을 뜻한다. 그래서 히브리서9:14에서 성령을 '영원하신 성령'으로 지칭하였다. 또 성령은 '편재하신다'라고 기록되어 있다. 즉 어디에나 계신다는 것인데, 이에 대해 시편 기자는 "내가 주의 영을 떠나 어디로 가며 주의 앞에서 어디로 피하리이까"(시139:7)라고 외친다.

셋째 증거는 성령은 또한 전능하셔서 능력에 한계가 없다. 천사가 마리아를 방문하여 "성령이 네게 임하시고 지극히 높으신 이의 능력이 너를 덮으시리니"(눅1:35) 성령은 마리아를 덮으신 능력을 통해 주님은 '성령으로 잉태'되셨다는 사실에서 전능하신 능력자이자 지극히 높으신 존재의 능력임을 입증하신다.

넷째 증거는 성령은 전지하셔서 모든 것을 아신다. "성령은 모든 것 곧 하나님의 깊은 것까지도 통달하시느니라"(고전2:10)와 "이와 같이 하나님의 일도 하나님의 영 외에는 아무도 알지 못하느니라"(11절) 오직 성령만이 하나님의 일을 알기 때문에 그분의 지식은 하나님과 동등함을 알게 하고 주님 역시 "그가 너희를 모든 진리 가운데로 인도하시리니"(요16:13)를 통해 성령은 우리를 가르치시고 인도하시는 성령의 능력에는 한계가 없음을 확인시키고 있다.

다섯째 증거는 우리에게 영감을 주는 것도 성령임을 베드로는 고백한다. "먼저 알 것은 성경의 모든 예언은 사사로이 풀 것이 아니니 예언은 언제든지 사람의 뜻으로 낸 것이 아니요 오직 성령의 감동하심을 받은 사람들이 하나님께 받아 말한 것임이라"(벧후1:20~21)

여섯째 증거는 부활 역시 성령의 역사로 간주한다. 로마서8:11에는 이에 관한 분명한 사실이 진술되어 있다. "예수를 죽은 자 가운데서 살리신 이의 영이 너희 안에 거하시면 그리스도 예수를 죽은 자 가운데서 살리신 이가 너희 안에 거하시는 그의 영으로 말미암아 너희 죽을 몸도 살리시리라"라고 말하고 있다.

영성과 거룩의 재발견

◆ 목표

구원받은 자의 모본적인 영성은 주님의 가르침에 내포된 실질적인 의미를 깨닫고 그 방향으로 순전하게 나가는 것을 말한다. 이러한 영성은 삼위일체 하나님을 믿으며 창조의 목적대로 지음 받은 부르심에 삶의 경험으로 나타나야 한다. 즉 영성이란 "삶의 현장에서 구체적으로 하나님을 체험하고 그분과 삶의 예배로 교제하는 것"이다. 그러한 삶의 영성은 특정한 모습으로 나타날 수 있지만, 그리스도인이 자신의 삶에서 하나님과 함께하고 있음을 나타내 보여 주는 '일상의 모든 것들'을 포괄한다는 사실이다.

◆ 암송 구절

"만일 너희 속에 하나님의 영이 거하시면 너희가 육신에 있지 아니하고 영에 있나니 누구든지 그리스도의 영이 없으면 그리스도의 사람이 아니라"(롬8:9)

◆ 길라잡이

하나님을 벗어난 세상은 인간 스스로 행복의 가치를 세우게 하고 그 시대의 유행과 세속적인 문화로 모든 사람을 예외 없이 유혹한다. 말씀을 떠난 인간편리의 도덕과 윤리는 언제든지 변형적인 보편성을 가지며 행복의 수단이 되는 물질관 기준으로 삶을 접속하게 만든다.

이런 관점에서 오늘 우리가 살아가는 시대는 인간의 욕구를 재물을 통해 만족시키려는 자본주의를 맹신한다. 그 속에서 다원주의는 경제의 세계화와 포스트모더니즘 문화를 이데올로기로 하여 소비주의 극대화를 경험하게 하고 있다. 이러한 소유적인 물질관으로부터 만들어진 돈, 재물, 권력, 명예, 욕망 등은 경제적 삶의 다양한 방식과 그와 관련되어 발생하는 수많은 문제를 안고, 도덕과 윤리 그리고 신앙까지 가차 없이 침범하여 그리스도의 구속을 통한 하나님과의 관계 회복을 차단하려 한다. 이에 관해 벤 위더링턴 3세는 "한 인간이 물질, 부, 일 그리고 건강의 문제들과 어떤 관계를 맺고 있는가는 그가 궁극적으로 누구에게 충성하며 무엇을 우선시하는가를 보여 준다. 그것은 영혼의 문제이다."라고 지적하였다.

성경에서 번영신앙의 본질은 '예수 그리스도를 통해 구원의 확신'을 깨달은 자들이 말씀의 진리를 삶의 증거로 제시하며 복음을 확장해 나가는 것을 의미한다(행1:8). 그런데 오늘날 우리에게 전해지는 번영신앙의 잘못은 마음의 소원을 '말씀의 진리' 대신 '물질적인 복'을 적용하여 축복신앙으로 대체시키고 있다. 그로 인해 많은 그리스도인이 예외 없이 그리스도의 영(롬8:9)에 기준한 영적 삶이 아니라 그 시대별 경제·문화적 요소들과 그 영향력에 침몰당한 채, 영적 분별력을 지키지 못한 행동으로 일관하고 있다.

1. 삶이 '힘들 때' 가장 먼저 생각나는 것은 무엇입니까?

2. 삶이 '기쁠 때' 가장 먼저 생각나는 것은 무엇입니까?

3. 자신의 '삶의 영성'을 쉽게 흔들어 놓은 '상대적 박탈감'은 무엇입니까?

4. '진리'나 '거룩함'이 자신에게 주는 부담감은 어떤 것들이 있습니까?

5. "그리스도의 영이 없으면 그리스도의 사람이 아니라"(롬8:9)를 어떻게 받아들입니까?

본문

영성(spirituality)

'**영성**'이란 삼위일체 하나님을 믿기 때문에 일어나는 '경험과 삶의 방식'을 말한다. 첫째는 하나님의 창조에 대한 (1) 감탄 (2) 지혜 (3) 아름다움 (4) 무한하신 긍휼을 느낄 수 있어야 한다. 둘째는 예수 그리스도의 (1) 성육신 (2) 십자가의 죄 사함과 구속의 자유로움 (3) 사망 권세를 이긴 부활의 영원성에 대한 신앙고백과 이를 통한 '실천적 구원의 확신'을 가져야 한다. 그리고 성령에 의한 (1) 일상의 존재적 경험을 통해 이끄시는 능력, 지혜, 그에 따른 헌신 (2) 말씀의 깨달음을 통한 감동과 행함이 수반되어야 한다.

이러한 영성은 우리에게 다음 세 단계의 훈련으로 다가온다.

- 첫 번째는 **크로노스**(chronos)로 일상의 시간, 평범한 시간 속의 '기다림'을 통해 경험하게 된다.

- 두 번째는 **카이로스**(kairos)인데 하나님이 개입하시는 특별한 시각(순간), 새로운 변화가 일어나는 시간(기회)을 말하는 것으로 이때 '고난의 복'이 함께 따른다.
- 세 번째는 **플레루**(pleroo)로 때가 찬 시간, 완성의 시간, 성취의 시간, 열매 맺는 시간으로 성령 안에서 사는 그리스도인의 삶을 묘사하는 것으로 하나님을 끝까지 믿고 순종하였기에 주시는 은혜이다.

하나님은 영성 훈련을 통하여 먼저 하나님이 주시고자 하는 복에 대한 소망을 품게 하신다. 그것은 '하늘의 복'이다. 더불어 그 은혜 안에서 이 땅에서 필요한 복에 대한 소망을 갖게 하신다. 하나님이 요셉을 축복하실 때 그가 누린 첫 번째 복은 '하늘의 복'이었고 그다음이 '땅의 복'이었다.

> "네 아버지의 하나님께로 말미암나니 그가 너를 도우실 것이요 전능자로 말미암나니 그가 네게 복을 주실 것이라 위로 하늘의 복과 아래로 깊은 샘의 복과 젖먹이는 복과 태의 복이리로다"(창49:25)

신약에서도 이 땅에서 영성의 삶을 위해 먼저 '영원을 향한 복'을 세상의 복보다 더욱 강조하고 있다.

> "찬송하리로다 하나님 곧 우리 주 예수 그리스도의 아버지께서 그리스도 안에서 하늘에 속한 모든 신령한 복을 우리에게 주시되"(엡1:3)

영성이 성숙해지면 우리는 눈에 보이는 복보다는 눈에 보이지 않는 복에 더욱 관심을 집중하게 된다. 그렇다고 결코 눈에 보이는 복을 경멸하거나 헐뜯지 않는다. 무시하지 않으면서도 초연하게 된다는 의미이다. 그 까닭은 무엇이 더 중요하며 무엇이 더 영원한지를 또 모든 복의 원천이 무엇이며 누구인지를 알기 때문이다. 그래서 다윗은 시편39:4~6을 통해 그의 소망을 오직 하나님께 두었다. 원하지만 일시적인 것, 그림자 같은 것, 헛된 일에 마음을 두기보다는 모든 좋은 것의 원천이 되시는 영원하신 하나님께로 소망을 향하였다.

"주여 이제 내가 무엇을 바라리요 나의 소망은 주께 있나이다"(시39:7)

이러한 '영성'은 삶에 영감을 주고, 삶의 방향을 알려 주는 원천으로, 예수 그리스도를 통해 경험하게 된다. 바른 영성 훈련을 통해 말씀과 묵상 그리고 이어지는 명상과 순전한 기도가 세워지게 한다. 일반적으로 종교성을 가진 영적 수행들은 각 개인의 내적인 삶을 발전시키려는 목적으로 한다. 이러한 수행들은 자기성찰의 도달을 목표로 행하여진다. 그러한 성찰 훈련은 자기 수양의 도달에 만족하는 의지의 한계 선상에 머물며, 철저히 자기 주체적인 성향을 지닌다. 하지만 그리스도의 영성은 그 주체가 하나님이시며 그분의 '이끌림'(taking)에 의해서만 가능하다.

영성 훈련은 다음 세 가지 관점으로 생각해 볼 수 있다.

1) '관념적 구원'을 떨쳐 내는 영성

그리스도인에게 '중요한 단 하나의 것'은 무엇인가? 바로 **'예수 그리스도'**이다. 개중에는 예수의 능력이라고 말하기도 한다. 그런데 예수의 능력은 예수 그리스도 안에 포함된 하나의 부분이지 예수 그리스도가 아니다. 그러므로 예수 그리스도를 믿는 것과 예수의 능력을 믿는 것은 자칫 신앙의 본질에 대한 혼돈을 가져오기 쉽다. 즉 예수 그리스도를 믿는다는 것은 전적으로 그분의 십자가 구원의 역사를 감격해하고 신뢰하며 메시아에 대한 전폭적인 순종을 뜻한다. 하지만 예수의 능력을 믿는다는 것은, 우리의 주관성을 내포하고 있다. 다시 말해 무슨 일이든 자기 뜻대로 진행될 때만이 그분의 존재를 인정한다는 것이다. 이는 예수 그리스도가 자신의 요구대로 응답하지 않으면 언제든지 제 뜻대로 행할 수 있음을 전제로 하는 거짓 믿음이 되기 쉽다.

예수 그리스도!

그분이 지신 십자가는 우리 죄를 포함한 인류의 모든 죄를 한곳에 모은 곳이다. 예수 그리스도의 십자가는 인류의 죄악을 표면화시켜 그분을 통한 하나님의 구원 역사가 이루어지게 한 방점이었다. 그것은 인간의 선택과 의지와는 관계없이 아담의 죄에서 벗어날 수 없었던 인류구원을 위해 죄 없으신 예수 그리스도께서 '메시아'로 오셨다는 사실을 확증하는 구속의 표징이다. 이렇듯 하나님의 거룩하신 긍휼은 메시아 구원의 틀 속에서 진행됐다. 그러므로 이 구원의 감격을 깨달은 자들이 마땅히 해야 할 것은 예수 그리스도를 '우리 삶의 가장 중요한 분'으로 결단하는 것이다.

> "내가 그리스도와 함께 십자가에 못 박혔나니 그런즉 이제는 내가 사는 것이 아니요 오직 내 안에 그리스도께서 사시는 것이라 이제 내가 육체 가운데 사는 것은 나를 사랑하사 나를 위하여 자기 자신을 버리신 하나님의 아들을 믿는 믿음 안에서 사는 것이라"(갈2:20)

나아가 구원받은 자가 마땅히 해야 할 일은 성령의 이끌림에 순종하는 '거듭난 삶'이다. 하나님이 사람을 창조하셨을 때 '자연적 생명'과 '영적 생명'을 주셨는데 예수 구원은 '생령의 되찾음'을 말한다. 생령을 회복한 자의 삶은 세상의 생명을 사는 것과는 분명 다르다. 그러므로 그 생령을 회복시켜 주신 예수 그리스도를 구원의 주로 믿는 우리의 마땅한 도리는 '관념적 구원 고백'이 아니라 삶의 모본을 통해 증거로 제시하며 하나님을 향해 자신을 되돌려 드리는 거듭난 삶을 살아야 한다는 사실이다. 이에 우리는 자신에게 "지금 나는 무엇을 좇고 있는가?"를 질문해야 한다.

2) 영성은 성령의 이끌림으로

"오직 성령이 각 성에서 내게 증언하여 결박과 환난이 나를 기다린다
하시나 내가 달려갈 길과 주 예수께 받은 사명 곧 하나님의 은혜의 복음
을 증언하는 일을 마치려 함에는 나의 생명조차 조금도 귀한 것으로 여
기지 아니하노라"(행20:23~24)

성령에 이끌리는 삶은 '성령의 증거'와 '성령의 지시'에 순종하는 것을 뜻한다.

첫 번째는 **성령의 증거**이다.

성령은 때론 하나님을 잘 믿는다는 것을 확증하기 위해 세상의 고통이 따른다는 것
을 예시하신다(증거). 이때 우리의 신앙은 이를 경홀히 여기거나 피하는 경우가 많다.
이러한 성령의 확인은 하나님과 세상 중 선택해야 할 때 우리의 믿음을 보시기 위해
나타난다. 우리 안에 선택의지를 확인하고 계신 것이다.

두 번째는 **성령의 지시**이다.

준비된 자에게 향하신 성령의 지시이다. 그리스도의 복음 증거를 위해 행하라고 명
령하신다(지시). 바울은 이 상황에서 거침없이 하나님의 뜻을 따랐다. 그의 주저 없는
선택에는 영원의 소망을 가진 자의 당당함이 있었다.

"나는 선한 싸움을 싸우고 나의 달려갈 길을 마치고 믿음을 지켰으니
이제 후로는 나를 위하여 의의 면류관이 예비 되었으므로 주 곧 의로우
신 재판장이 그날에 내게 주실 것이며 내게 만이 아니라 주의 나타나심
을 사모하는 모든 자에게도니라"(딤후4:7~8)

이처럼 성령에 이끌리는 삶은 성령의 '증거'와 '지시'를 믿음으로 순종하는 영원의 소망을 가진 자의 신앙을 요구한다.

3) '침묵하시는 하나님의 긍휼'은 영성 훈련의 시간이자 공간이다

'영성 훈련'은 하나님께서 창조하신 '계시 안의 삶을 회복하라'라는 그분의 거룩한 초대이다. 그러므로 그리스도인은 말씀의 진리를 인생의 기준으로 삼아 계시 안의 영적인 삶으로 회복하는 것이다. 그런데 오늘날 기독교의 양적 팽창론은 신자들에게 복음주의의 변형된 수용을 통해 자기중심적 결정과 이성적으로 이해할 수 있는 것들만 받아들이는 믿음을 확장해 나가고 있다. 그것은 예외 없이 교회공동체 안에서 말씀을 인간의 논리와 논증으로 개별 또는 집단합리화로 왜곡시키고, 신념으로 굳어져 신앙의 본질까지 훼손하고 있다. 이러한 모습은 오늘날 기독교가 가지는 권위와 세속화 속에서도 만연하게 나타난다. 목회자와 직분자의 권위 구조화, 세습화, 사회를 향한 권력화, 예배당의 대형화, 기독교 교육의 세속화, 죄의 보편적 문화에 대한 무기력화, 창조론 속 진화론의 유입, 물질 만능화 등이 그것이다. 이에 이사야는

> "그러므로 주 여호와께서 이같이 이르시되 보라 내가 한 돌을 시온에
> 두어 기초를 삼았노니 곧 시험한 돌이요 귀하고 견고한 기촛돌이라 그
> 것을 믿는 이는 다급하게 되지 아니하리로다"(사28:16)

라고 경고함으로써 예수 그리스도를 인생의 기준으로 삼아 정보화가 몰아치는 세속적 경쟁사회 속에서도 조급하지 않은 그리스도인의 삶의 계획과 실천을 구현해 나가길 요청하고 있다. 오늘날 우리는 '하나님 침묵의 긍휼'에 노여워하며 자기 조급함의 극단화로 문명의 진화에 편승하여 이익의 극대화를 추구한다. 하지만 이제부터라도 '하나님의 침묵'은 인간을 향한 가장 강력한 메시지이자 긍휼로 임하고 계시는 시

간임을 '**거룩의 재발견**'을 통해 확인하고 하나님이 뜻하신 방향으로 되돌아가야 한다.

> "모든 사람과 더불어 화평함과 거룩함을 따르라 이것이 없이는 아무도 주를 보지 못하리라"(히12:14)

거룩의 재발견

'**거룩**'이란 삶에서 하나님을 섬기고 예배하기 위해 세속적인 것들로부터 구별함을 뜻한다. 거룩은 하나님의 도덕적 완전성과 인간 죄악의 간격을 무시로 지적해 준다. 이 거룩은 성경의 핵심 위치에 있으면서 다른 모든 큰 주제를 결합하고 그것들을 포용하고 있다. 무엇보다도 거룩은 하나님 존재의 뿌리이자 중심으로, 하나님의 속성을 포괄하며 그로 인하여 하나님을 믿는 그리스도인들의 삶에 중심이 되게 한다.

> "너는 이스라엘 자손의 온 회중에게 말하여 이르라 너희는 거룩하라 이는 나 여호와 너희 하나님이 거룩함이니라"(레19:2)

> "오직 너희를 부르신 거룩한 이처럼 너희도 모든 행실에 거룩한 자가 되라 기록되었으되 내가 거룩하니 너희도 거룩할지어다 하셨느니라"(벧전1:15~16)

이처럼 하나님의 거룩은 그분의 신성에 속한 것으로 '심판'과 '구속'에서 하나님의 의지와 행위를 통해 나타난다. 당시 이스라엘 민족에게 거룩의 개념은 구약의 율법(옛 언약)에 기초하고 있다. 나아가 예수님 또한 새 언약의 관계 속에서 영적인 거룩함과 하나님의 인격과 특성에 거룩함이 기초가 되어 있다는 점을 강조하고 있다. 특히 예수님은 대제사장적인 기도에서 아버지의 거룩하심과 관계를 한층 강화시키고 있다(요 17:11). 주님도 그 자신이 거룩하시므로 그의 백성들에게도 거룩함을 요구하셨음을 분명히 기록하고 있다.

> " …거룩하신 아버지여 내게 주신 아버지의 이름으로 그들을 보전하사
> 우리와 같이 그들도 하나가 되게 하옵소서"(요17:11)

성령 또한 하나님의 거룩하심과 교통함으로써 그리스도에 의해 거룩하게 된 우리에게 성도들 간의 교제로 연합하게 하고 나아가 빛 가운데서 성도의 기업이 되게 하여 하나님의 영광에 참여시키게 하신다. 이처럼 거룩에 대한 완전한 계시는 영원에 속해 있지만 동시에 현존하는 이 땅에서도 '거룩의 재발견'을 통해 궁극적으로 완성해 나가는 과정으로 본다(롬6:19~22; 살전4:3~4). 따라서 하나님의 거룩한 백성인 우리는 그 행동과 인내를 통해 거룩의 삶을 드러내어야 하며(엡1:4), 섬김과 사역을 통해 행함의 모본을 보여야 한다(엡4:12~16). 그러므로 거룩은 우리가 근본적으로 그리스도의 희생적인 삶에 참여를 요청하고 있다(롬12:1).

1) 거룩의 재발견을 향한 영성 회복훈련의 요소들

● 회개(Repentance 히: 나함, 헬: 메타멜로마이)

성경에서 '회개'는 화해하다(reconcile), 되돌아가다(return), 소생하다(redeem), 회복하다(restore), 되찾다(reclaim), 새롭게 하다(renew), 부활한다(resurrect) 등을 담고 있다. 즉 손상되거나 잃어버리기 전의 본래 상태로 회복할 것을 요청하는 예수 그리스도 구속(redemption)에 대한 반응의 의미이다. 이렇듯 회개는 이전의 모습과 관계로 회복(Re-)함을 말하는 것으로 하나님께서 항상 우리를 창조의 목적대로 바라보시며 또한 그 목적

대로 우리를 회복하고자 하시는 긍휼하심에 대한 우리의 반응이다.

회개에 대한 하나님의 요청은 우리 마음으로부터 일어날 거듭난 삶을 향한 권유이다. 이 요청은 인간존재에 관한 기본적인 물음과 함께 인간이 언제나 하나님 앞에 바로 서 있을 것을 강조한다. 따라서 "회개하라"라는 예수님의 요청은 흑암에서 빛으로 옮기는 새로운 순응으로 모든 것의 주인이 자신에서 다시 하나님으로 바뀌는 것을 말한다(행26:18). 결론적으로 참된 회개는 우리로 하여금 죄로 인해 돌이킬 수 없는 과거로부터 그리스도의 구속을 통해 영원의 관점에 들어서는 미래에로의 전향을 의미한다.

> "그 눈을 뜨게 하여 어둠에서 빛으로 사탄의 권세에서 하나님께로 돌아
> 오게 하고 죄 사함과 나를 믿어 거룩하게 된 무리 가운데서 기업을 얻게
> 하리라"(행26:18)

● 정직

> "한결같지 않은 저울추는 여호와께서 미워하시는 것이요 속이는 저울
> 은 좋지 못한 것이니라"(잠20:23)

하나님은 '필요한 것'을 준비하는 깨끗한 그릇으로 절대적인 '정직'을 요구하신다. 이에 한결같지 않은 저울추는 여호와께서 미워하신다고 말씀하셨다. 하나님 스스로가 진실하신 분이시기 때문에 우리에게도 모든 행실에 거룩한 자가 되라(벧전1:15) 말씀하고 계신 것이다. 우리가 정직하지 못한 모습으로 불순종의 그릇을 사용한다면 하나님을 사랑한다고 할 수 없다. 우리의 부정직함은 하나님을 부정하게 되고, 하나님을 불신하는 것은 큰 죄가 된다. 그러므로 모든 일에 정직한 결정은 살아 계신 하나님에 대한 우리의 믿음을 표현하는 것이다. 또한 정직은 우리에게 가장 귀중한 보물이신

예수 그리스도를 더욱 친밀하게 만나는 길잡이 역할을 한다. 특히 우리가 예수 그리스도를 믿지 않는 사람에게 그분의 실제를 보여 주기 위한 삶의 모본 중 하나가 '절대적으로 정직하라는 것'이다.

> "이는 너희가 흠이 없고 순전하여 어그러지고 거스르는 세대 가운데
> 서 하나님의 흠 없는 자녀로 세상에서 그들 가운데 빛들로 나타내며"(빌
> 2:15)

☞ **우리의 정직한 삶은 예수님을 위해 사람들에게 선한 영향력을 끼치게 한다.**

● 양심

성경에서는 자신이 잘못하였다고 믿는 사람들에게 주어지는 죄책감이나 고통을 언급할 때 양심을 사용한다. 일반적으로 양심은 오랜 세월을 통한 사회적 경험과 지혜를 행동으로 연결하여 나타내는 우리 내적인 안내 시스템의 역할을 해 왔다. 특히 이러한 양심은 우리가 윤리·도덕적 원칙에 벗어난 생각과 행동을 하게 될 때 그것을 깨닫게 해 준다. 나아가 양심을 통해 우리는 하나님으로부터 부여받은 자신의 독특한 달란트와 사명을 의식할 수 있다. 그런데도 대부분 양심의 기준을 벗어나는 환경 속에서 살고 있다. 우리는 활동과 환경, 사회·문화적 조건, 수많은 정보의 홍수와 경쟁들에 푹 빠져 있으므로 이로 인해 우리에게 그리스도의 원칙을 일깨워 주고, 우리가 그 원칙들에 얼마나 충실하게 살아야 하는지를 가르쳐 주는 내면의 영적 양심의 소리를 들을 수 있는 감수성에 무디어져 있다. 그러므로 이 소리를 듣기 위해서는 때론 조용해지거나 성찰하거나 명상이 필요하다. 이에 관해 사도바울은 모든 인간의 내면에 도덕적인 분별력으로서 양심을 다음과 같이 기술하고 있다.

> "율법이 없는 이방인이 본성으로 율법의 일을 행하였을 때는 이 사람은

율법이 없어도 자기가 자기에게 율법이 되나니 이런 이들은 그 양심이

증거가 되어 그 생각들이 서로 혹은 고발하며 혹은 변명하여 그 마음에

새긴 율법의 행위를 나타내느니라"(롬2:14~16)

결국 바울은 양심이라는 단어를 사용하여 그리스도 교훈의 빛 아래에서 지나간 행위들을 판단하는 마음의 내적 증거를 말하려 했다. 이러한 양심은 현재와 미래의 행위를 인도하는 역할을 담당한다(롬13:3; 고전10:25).

● 지혜

"너희는 하나님으로부터 나서 그리스도 예수 안에 있고 예수는 하나님

으로부터 나와서 우리에게 지혜와 의로움과 거룩함과 구원함이 되셨으

니"(고전1:30)

인간은 하나님을 떠난 이후 '이성'을 최고의 가치로 받아들임으로 하나님의 '지혜'를 잃어버렸다. 사람의 지혜는 인간 삶의 현실과 상황 속에서 적절하게 적용되도록 이용되는 통로이지만 이런 사실이 말씀의 내적 본질인 '진리'에 의존하지 않을 때는 아무런 의미를 갖지 못한다. 이 때문에 우리 삶의 판단은 사람의 지혜에 의존한 인간이 스스로 가지는 '신념'이 아니라 하나님을 향한 '신뢰'가 필요하다. 따라서 우리의 성급한 열정과 신념이 그리스도 안에 숨겨진 '지혜와 지식의 모든 보화'를 대신하도록 만들어서는 안 된다.

"그 안에는 지혜와 지식의 모든 보화가 감추어져 있느니라"(골2:3)

'지혜'는 하나님의 숨결이며, 하나님의 의견(뜻)으로 그분의 영광에서 흘러나오는 순

수한 영향력이다. 하나님의 영원한 지혜는 창조되지 않은 샘이며, 만물의 근원이다. 이에 관해 사도바울은 그의 복음 전도가 인간의 지혜에서 나오지 않고 성령의 능력이 나타남이라고 밝힌다. 즉 그리스도인의 믿음은 인간의 지혜가 아니라 하나님의 능력 안에 서 있을 때 나타난다는 것이다.

> "너희 믿음이 사람의 지혜에 있지 아니하고 다만 하나님의 능력에 있게 하려 하노라 그러나 우리가 온전한 자들 중에서 지혜를 말하노니 이는 이 세상의 지혜가 아니요 또 이 세상에서 없어질 통치자들의 지혜도 아니요 오직 은밀한 가운데 있는 하나님의 지혜를 말하는 것으로 곧 감추어졌던 것인데 하나님이 우리의 영광을 위하여 만세 전에 미리 정하신 것이라"(고전2:5~7)

욥 또한 "우리가 어디에서 지혜를 찾을 수 있을까?"라는 질문을 던진다(욥28:1~8). 그러면서 그는 돈으로도 살 수 없는 지혜(욥28:13~15)를 말하고 있다. 이에 대해 A.W 토저는 "지혜는 오직 하나님께서 주셔야만 하는 것이요. 그분의 지혜를 온전히 알게 될 때 그분께서 의도하신 삶을 경험하게 된다고 강조한다. 하나님을 경외하는 것이 지혜의 근본이다. 하나님을 경외한다는 것은 우리의 계획표를 고집하지 않고 그분께 순종하는 것이다."라고 말한다.

A.W 토저는 **'지혜를 담는 그릇'**을 다음 몇 가지로 정리하고 있다.

• 영원한 지혜의 뿌리: 순전함

오늘날 그리스도인들은 깨끗한 백성이 되어야 함을 잊고 있다. 만일 하나님의 사

---

* A.W. 토저, 2018. 『하나님의 지혜는 지식으로 얻을 수 없다』

람들이 정말로 깨끗해진다면 지성에 빛을 받아 마음으로 사고하게 될 것이다. 순전함은 순수함에 대한 열정으로 불탈 정도로 깨끗해야 한다. 많은 사람은 기독교가 "나는 그리스도를 영접합니다."라고 말하기만 하면 모든 것이 해결되는 종교라고 믿는다. 그러나 이것은 잘못된 생각이다. 우리가 잊지 말아야 할 것은 그리스도를 영접하는 것은 내 마음속으로 흘러나오는 영적 지혜의 영감을 통해서만 이해할 수 있는 그분의 깨끗함에 모든 것을 걸었다는 뜻이다. 하나님의 지혜는 이 깨끗함으로부터 담아낸다.

• 공경함

공경은 영적 지혜로부터 흘러나온다. 하나님 앞에서 진정성과 공경 그리고 경외함이 없다면 지혜와 능력의 세계를 받을 수 없다.

• 사랑

순전함과 공경을 따르는 것이 사랑이다. 매정한 사람은 결코 지혜로운 사람이 될 수 없다. 학위를 쌓고 지식을 더할지라도 큰 지혜의 소유자가 될 수 없다. 사랑은 지혜의 한 부분이다. 성령 하나님은 사랑하는 지혜로 충만하신 사랑의 영이시다.

• 순종

순종은 용기를 가져야 가능하다. 하나님 앞에서 순종은 선택의 문제가 아니다. 순종해야 십자가를 지는 것이지, 십자가에 대해 노래한다고 십자가를 지는 것은 아니다. 십자가를 지는 순종이 우리의 삶에서 일어날 때 비로소 지혜와 능력이 예수 그리스도의 십자가 중심에 있다는 것을 깨닫게 될 것이다. 사도바울은 "십자가의 도가 멸망하는 자들에게는 미련한 것이요 구원을 받는 우리에게는 하나님의 능력이라"(고전1:18)라고 말했다.

• 이타심

성 그레고리(St. Gregory)는 "세상의 욕심을 버리고 깨끗하게 된 사람이 아니라면 태초에 인간이 가졌던 그런 참된 이성을 획득하거나 소유할 수 없다"라고 말했다. 즉 먼저 세상 욕심을 버리고 깨끗하게 된 사람만이 참된 지혜(머리와 마음의 일치)를 얻을 수 있다는 말이다. 이기심은 우리의 눈을 멀게 만들지만, 자아를 십자가에 못 박으면 눈이 열릴 것이다

• 담대함

지금 우리의 문제는 용기 즉 담대함이 없다는 것이다. 그 시대에 복음을 전하는 데 필요한 것은 담대함이다.

🏠 실천 적용과제

1. 기도하며 묵상하기에 적합한 시간과 장소를 찾아 자신의 모든 일상을 내려놓고 삼위 일체 하나님을 생각해 보라(시편46:10 묵상).

2. 자신에게 영적 삶의 평안함이 왜 없는지를 묵상해 보라.

3. 하나님께 직접 편지를 쓰는 시간을 가져 보라.

삶의 영성과 재정

 질문을 통한 나눔

1. 영성(삼위일체)을 통해 경험한 삶의 방식은 어떤 것들이 있나요?

　　• 하나님

　　• 예수 그리스도

　　• 성령

2. 자신에게 '관념적 구원'은 어떤 때 어떤 식으로 나타나는가요?

　　• 관념적 구원의 원인은 무엇 때문일까요?

　　• 삶에서 관념적 구원을 떨쳐 내는 결단은 어떤 것이 있을까요?

3. '성령의 이끌림'을 경험해 본 적이 있나요? 있다면 언제 어떤 식으로 경험했는지 함께 나
　눠 주세요.

4. '침묵하시는 하나님의 긍휼'을 느껴 본 적은 있는지요?

5. '거룩의 재발견'의 요소(회개, 정직, 양심, 지혜)를 통해 자신에게 주신 말씀의 깨달음은 어떤 것이 있을까요?

6. 예수 그리스도 안에서 거룩한 삶을 살아야 하는 이유는 무엇입니까?

　　• 요17:11

　　• 벧전1:15~16

7. 거듭난 자가 거룩한 삶을 살아야 하는 과정에서 행하여야 할 모본적인 자세는?

　　• 롬6:19~22

　　• 롬12:1

　　• 살전4:3~4

　　• 엡1:4

8. 성경은 그리스도인의 양심에 대해 어떻게 말씀하고 있나요?

- 고후1:12; 딤전1:5, 3:9

- 고전8:1~13, 10:23~31

- 딤전4:5; 딛1:15

- 히9:14, 10:22

나는 누구인가?

◆ 목표

성경은 하나님의 '인간구원'과 '창조회복'을 핵심적 내용으로 기록하고 있다. 그리고 하나님은 성경을 통해 인류구원의 행동을 자기 계시에 의존하셨기 때문에 성령을 통해 성경의 진리에 대한 깨달음을 허락하신다. 따라서 성령은 그리스도인들의 마음속에 내재하면서 우리를 사망에서 생명으로 옮기는 근원적인 변화를 일으키는 역할을 한다. 때문에 '우리가 누구인가?'를 정확하게 파악하는 것은 그리스도가 우리를 위해 하신 일과 '그리스도의 영'(롬8:9~11; 벧전1:11)을 담고 있는 '우리가 왜 하나님의 존재 목적이 되는가?'를 알게 한다.

◆ 암송 구절

"여호와 하나님이 땅의 흙으로 사람을 지으시고 생기를 그 코에 불어 넣으시니 사람이 생령이 되니라"(창2:7)

"이것은 죄 사함을 얻게 하려고 많은 사람을 위하여 흘리는바 나의 피
곧 언약의 피니라"(마26:28)

◆ 길라잡이

나는 누구인가? 그리고 어디서 와서 어디로 가는가? 나아가 예수 그리스도는 우리에게 어떤 분이신가? 등은 자신의 존재 목적을 생각하게 한다. 그러므로 영성 훈련의 또 다른 관점은 우리(나)가 누구인가를 통해 우리의 존재적 삶의 의미를 찾으려는 질문이기도 하다. 그러나 오늘날 많은 그리스도인조차도 자신에 관해 아무런 궁금함도 갖지 않고 있으며 그 시대사상을 진리라고 믿고 자신을 탑승시키는 경우가 일반이다.

우리 그리스도인들이여!

말씀의 진리를 인간의 의식 수준으로 끌어내려서는 안 된다. 예수 그리스도에 대한 지식과 정보를 아무리 많이 가지고 있다 하더라도 우리가 그 뜻에 순종하며 살지 않으면 '자신이 누구인가?'를 진정 아는 것이 아니다. 성경은 '예수 그리스도가 누구인가?'를 깨닫게 해 줌으로써 그분 안에서 나를 발견하게 한다. 즉 예수 그리스도를 아는 것은 곧 그분의 말씀과 뜻에 순종하며 살아가야 하는 '우리가 누구인가?'를 일깨워 준다.

◆ 들어가는 길목에서

1. 하나님의 창조목적은 어디에 있다고 생각합니까?

2. 살아가면서 '자신이 누구인가'를 생각해 본 적이 있습니까?

3. 하나님은 우리를 왜 포기하지 않고 긍휼을 베푸실까요?

4. 자신이 하나님으로부터 존재의 목적이 된다는 사실을 생각해 본 적이 있습니까?

창조

1) 사람을 창조하신 목적

창조의 세계는 "없는 것을 있는 것으로 부르시는 하나님"(롬4:17)께서 모든 실체가 근원적으로 그분의 창조를 통해 존재하게 된 것을 말한다. "태초에 하나님이 천지를 창조하시니라"(창1:1)는 말씀에서 '천지'는 '존재하는 모든 것'으로 포괄적인 본질을 가진다. 이것은 오직 하나님 스스로의 주권적 의지로 선하고 거룩한 창조의 목적이 되셨으며 곧 하나님의 영광을 나타내기 위하여 창조된 모든 세계는 하나님의 뜻을 수행하도록 지음 받았음을 뜻한다. 그러므로 그리스도인이란 자신을 창조하신 하나님이 존재하신다는 진리를 신앙으로 받아들이면서 시작된다.

사람을 창조적인 관점에서 자세히 서술하고 있는 말씀 구절은 창세기 2장이다. 다른 모든 피조물과 마찬가지로 사람 역시 하나님의 창조 사역으로 시작되었다. 그런데 그중 인간의 창조 사역은 하나님의 영원하신 작정(作定)의 실행이셨다는 점에서 세밀한 계획 속에 특별한 의미를 지닌다. 나아가 창조가 하나님의 영광을 나타내는 또 다른 의미는 사람과 함께 창조된 모든 피조물의 행복도 포함(롬8:21)하고 있다는 점이다.

하나님께서 창조하신 인간은
- 하나님의 형상대로 지음 받음
- 영적 존재로 지음 받음
- 정직하게 지음 받음
- 만물 통치의 위임자로 지음 받은 선한 속성을 가지고 있다.

'죄 이전'에 창조된 인간 생명의 유기체는 신체적·정신적 존재를 포괄한다. 반면 '죄 이후'에 이 땅의 생명은 예수 그리스도에 의해 그 길이 다시 열리게 되었음을 전제로 하고 있다(계2:7, 22:2). 이러한 사실은 하나님께서 사람을 처음 지으실 때 자기의 '형상'과 '모양'을 '생령'과 함께 인간의 성품 안에 주셨기 때문이다(창1:26). 따라서 사람은 영을 가진 몸이 아니라 몸 안에 들어 있는 영의 존재(살아 있는 영혼-Living Soul)가 인간 본연의 속성이다. 이에 관해 W. J. 브라이언은 "우리의 '몸'은 진흙으로 만든 '성전'이다"라고 했다. 따라서 영적인 우리는 삶의 경험 속에서 하나님을 매 순간 의식하게 된다.

"이 백성은 내가 나를 위하여 지었나니 나를 찬송하게 하려 함이니라"(사43:21)

또 에베소서1:6에 보면 우리 인간은 "은혜의 영광을 찬미하게" 하기 위하여 지음을 받았다고 기록되어 있다. 하나님께서 우리를 창조하신 목적은 우리로 하여금 하나님과 인격적 교제를 나누게 하시고 하나님의 뜻을 따라 세상 만물을 다스리도록 하신 것이었다. 다만 이것은 생명의 근원이신 하나님과 정상적인 관계를 유지할 때만 이룰 수 있는 은혜의 선물이었다. 그러나 두 번째 인간에 관한 기사인 창세기2:4~3:24은 타락으로 인해 비참해진 상태에 처한 인간의 모습이 묘사되어 있다. 하나님이 금하신 선악과를 먹는 행위는 하나님의 명령에 대한 최초의 불순종이었으며 그것은 **"하나님의 소유권 찬탈"**이라는 죄의 기원이 되었다(롬5:12~15). 사람이 하나님의 명령에 대한 불순종으로 영생을 잃어버리게 된 것이다.

인간의 죄

"너희가 그것을 먹는 날에는 너희 눈이 밝아져 하나님과 같이 되어…"(창 3:5)

1) 죄(Sin)

"가인이 여호와 앞을 떠나서 에덴 동쪽 놋 땅에 거주하더니"(창4:16)

'죄'란 창조주 하나님께서 우리를 위해 의도하신 삶을 인간 스스로가 포기했거나 거절한 것을 뜻한다. 죄는 단순히 사회의 도덕적 기준을 어긴 것을 넘어 보다 근본적 의미는 하나님 창조의 소유권을 찬탈한 것에서 기원한다.

'놋'이란 지명은 '방황'이라는 뜻을 가진다. 하나님을 떠나 쫓기듯이 유리하던 가인은 어디를 가도 참된 영혼의 안식처를 찾을 수 없었다. 결국 그는 방황의 땅으로 들어가게 되었고 그곳에 성을 세웠다. 그리고 자신의 세계를 계획하고 문명을 만들었다. 이처럼 '문명'은 맨 처음 살인자에 의해 설립되었다. 이후 인간 문명의 진보는 거대하고 복잡하게 얽힌 생존경쟁의 시스템을 형성하고 우리 스스로 이 문명을 치열한 생존경쟁보다는 인간의 행복과 복지에 공헌한 것으로 그 정당성을 부여하였다. 하지만 문명의 진보를 담보한 속도는 경쟁과 투쟁을 거칠게 성장시킴으로써 오히려 인간의 삶을 타락과 피폐로 가속화하고 있을 뿐이다. 즉 사람의 이성과 사고로 진행되는 문명의 속도는 하나님을 향한 회복으로부터 점점 멀어져 가는 죄악의 진행형이다. 절제되지 못하는 욕망적인 소유 욕구는 어떠한 사람도 죄에서 벗어나지 못하게 하며 또한 어떠한 인간의 행위나 행동으로도 죄의 결과에서 스스로 해방될 수 없게 만들었다. 그러므로 인간의 죄는 오직 예수 그리스도를 통해 성취하신 구속에 의해서만 하나님의 긍휼하신 구원을 얻게 된다.

> "모든 사람이 죄를 범하였으매 하나님의 영광에 이르지 못하더니"(롬 3:23)

> "만일 우리가 죄가 없다고 말하면 스스로 속이고 또 진리가 우리 속에 있지 아니할 것이요"(요일1:8)

'죄가 보편성을 가진다'라는 의미는 죄 이후 인간의 삶이 인류의 역사 이래로 자기 기준의 법과 양심에조차 미치지 못했다는 사실에서 증명된다. 이와 같은 사실은 사람들이 자기성찰에 관대하며 자기비판에 엄격하지 않다는 것을 의미한다. 그리고 자기의 실수와 결함을 합리화하는 또 다른 탈출을 시도한다. 결국 근본적인 죄의 결과는 하나님과 죄를 범한 인간 사이의 분리(사59:2)만을 가져왔을 뿐이다. 이러한 죄의 보편성은 인간의 삶을 십계명을 기준으로 말씀을 대입하여 살펴볼 때 더욱 명확하게 나타내게 한다.

첫째, 나 외에 다른 신들을 네게 두지 말라.

> "예수께서 이르시되 네 마음을 다하고 목숨을 다하고 뜻을 다하여 주

삶의 영성과 재정

너의 하나님을 사랑하라 하셨으니"(마22:37)

둘째, 너를 위하여 새긴 우상을 만들지 말라.

"하나님은 영이시니 예배하는 자가 영과 진리로 예배할지니라"(요4:24)

셋째, 네 하나님 여호와의 이름을 망령되게 부르지 말라.

"하늘에 계신 우리 아버지여 이름이 거룩히 여김을 받으시오며"(마6:9)

넷째, 안식일을 기억하여 거룩히 지키라.

"하나님이 그 일곱째 날을 복되게 하사 거룩하게 하셨으니 이는 하나님
이 그 창조하시며 만드시던 모든 일을 마치시고 그날에 안식하셨음이
니라"(창2:3)

다섯째, 네 부모를 공경하라.

"네 부모를 공경하라 네 이웃을 네 자신과 같이 사랑하라 하신 것이니
라"(마19:19)

여섯째, 살인하지 말라.

"그 형제를 미워하는 자마다 살인하는 자니 살인하는 자마다 영생이 그
속에 거하지 아니하는 것을 너희가 아는 바라"(요일3:15)

일곱째, 간음하지 말라.

> "나는 너희에게 이르노니 음욕을 품고 여자를 보는 자마다 마음에 이미
> 간음을 하였느니라"(마5:28)

여덟째, 도둑질하지 말라.

> "도둑질하는 자는 다시 도둑질하지 말고 돌이켜 가난한 자에게 구제할
> 수 있도록 자기 손으로 수고하여 선한 일을 하라"(엡4:28)

아홉째, 네 이웃에 대하여 거짓 증거하지 말라.

> "거짓 증인은 벌을 면치 못할 것이요 거짓말하는 자도 피하지 못하리
> 라"(잠19:5)

열째, 네 이웃의 집을 탐내지 말라.

> "그러므로 땅에 있는 지체를 죽이라 곧 음란과 부정과 사욕과 악한 욕
> 정과 탐심이니 탐심은 우상숭배니라"(골3:5)

이처럼 우리는 여전히 행동 뒤의 동기(원인)와 행위 뒤의 생각(결과)이 하나님의 거룩
앞에서 취약하다. 그러므로 예수 그리스도의 구속은 하나님과 인간 사이의 '화목'을
향한 인간에 대한 하나님 구원 사역의 핵심 내용이 된다. 이러한 '죄'에 대해 오스왈드
챔버스는 그의 책 『창세기 강해』에서 "죄는 하나님이 계획하신 인간의 속성에 속한 것
이 아니다. '죄'는 인간이 자신 외에는 그 누구도 자신에게 명령하는 것을 허락하지 않

겠다는 마음이며, 이러한 마음은 도덕적으로 착한 사람이든 나쁜 사람이든 누구에게 나 나타날 수 있다"라고 보았다. 그러면서 "죄는 도덕적인 것과 비도덕적인 것에 관한 것이 아니라 자신에 대한 권리의 주장이며, 온 마음을 다해 강력하게 하나님으로부터 독립을 외치는 것으로 오늘날 사람 대부분이 그리스도인이라 칭하면서도 하나님으로 부터 독립하여 자신을 주장한다"라고 정의했다.

그렇다. 하나님 창조물에 대한 인간의 소유권 찬탈은 죄의 기원이 되었다. 죄의 침 투는 인간의 영혼을 흐리게 함으로써 우리에게 '하나님은 어떤 분이신가?'를 바로 이 해하기 곤란하게 만들었다. 그러므로 죄 이후 인간의 모든 삶은 의식적인 불순종의 결과로 나타났으며 영생을 빼앗기면서 하나님의 심판을 끌어들였다. 이에 사도바울 은 육체를 가진 모든 인간이 죄악 중에 있는 타락한 존재로 보았다.

"모든 사람이 죄를 범하였으매 하나님의 영광에 이르지 못하더니"(롬 3:23)

그리고 죄(타락) 이후의 세상에 속한 사람들의 특징은 죽는 순간까지 인간 스스로 최 고의 행복을 '재물'을 통해 추구할 수 있다는 신념, 즉 영원하지 않은 것에 집착하며 살 게 되었다. 하지만 하나님은 죄로 인한 인간을 얼마든지 포기하실 수 있음에도 불구 하고 그렇게 하지 않으셨다. 그 이유는 하나님이 창조하신 인간의 속성은 처음부터 죄가 들어가 있지 않은 하나님의 형상으로 만드셨기 때문이다. 그리고 하나님의 긍휼 하신 인내는 기다리심의 본성으로 예수 그리스도의 구속사로 드러내셨다.

"때가 차매 하나님이 그 아들을 보내사 여자에게서 나게 하시고 율법 아래 나게 하신 것은 율법 아래 있는 자들을 속량하시고 우리로 아들의 명분을 얻게 하려 하심이라"(갈4:4~5)

"사랑하는 자들아 우리가 지금은 하나님의 자녀라 장래에 어떻게 될지
는 아직 나타나지 아니하였으나 그가 나타나시면 우리가 그와 같은 줄
을 아는 것은 그의 참모습 그대로 볼 것이기 때문이니"(요일3:2)

그리스도의 구속(헬: 뤼트로)

죄에 의한 인류의 타락은 죄의 기원과 함께 구속의 필요를 말해 주고 있다. '**구속**'이
란 사전적 의미로는 '대가를 지불하고 속박상태에서 풀려나는 것'을 말하며, 예수 그
리스도를 통해 인간이 하나님과 다시 화목하여 연합하는 것을 의미한다. 인간의 속죄
는 예수 그리스도와 연계시켜 "우리 죄를 위하여 죽으셨다"(고전15:3). 즉 "한 사람이 모
든 사람을 대신하여 죽으심으로 죄를 대속하셨다"라고 설명한다. 예수님께서도 자신
이 죽게 된 이유를 많은 사람의 '대속물'이라고 가르치셨다. 자신의 죽으심을 죄와 죽
음의 속박 아래 사는 자들을 속량하기 위해서라고 밝히신 것이다.

이 의미는 속죄가 단지 그리스도의 십자가 죽음으로 끝나는 것이 아니라 그리스도
인이 된 우리 역시 그의 죽음에 참여함으로써 이루어지는 것임을 분명히 하고 있다.
이처럼 예수 그리스도의 구속은 인간의 본성으로 구체화하신 하나님의 겸손이 극대
화된 행위이다. 이 예수 그리스도는 죄로 타락한 우리를 섬기고 구원하기 위해 스스
로 낮추시어 온유와 겸손함으로 옷 입으신 하나님의 영원한 사랑이셨다.

☞ **겸손은 예수님의 삶을 포괄하는 은혜이자 속죄의 비밀이다**(앤드류 머리).

"그런즉 우리가 무슨 말을 하리요 은혜를 더하게 하려고 죄에 거하겠느
냐 그럴 수 없느니라 죄에 대하여 죽은 우리가 어찌 그 가운데 더 살리

요"(롬6:1~2)

이처럼 그리스도의 속죄는 자신을 비우시고 인간이 되신 그분의 겸손으로 종의 형체를 취하시며 이 땅에서 삶의 모본에 의해 가능한 것이었다. 이 예수 그리스도는 인간의 죄와 허물을 대신하여 죽음과 함께 고통을 당하셨을 뿐 아니라 인간을 죄의 권세로부터 자유롭게 하셨다. 따라서 그리스도의 속죄는 하나님과 인간, 그리고 인간과 인간 사이의 본래 관계를 회복시키고 동시에 기쁨과 생명과 용서함을 가져다준 하나님의 긍휼하신 사랑이다.

> "그가 우리를 대신하여 자신을 주심은 모든 불법에서 우리를 속량하시고 우리를 깨끗하게 하사 선한 일을 열심히 하는 자기 백성이 되게 하려 하심이라"(딛2:14)

> "염소와 송아지의 피로 하지 아니하고 오직 자기의 피로 영원한 속죄를 이루사 단번에 성소에 들어가셨느니라"(히9:12)

> "너희가 알거니와 너희 조상이 물려준 헛된 행실에서 대속함을 받은 것은 은이나 금같이 없어질 것으로 된 것이 아니요 오직 흠 없고 점 없는 어린 양 같은 그리스도의 보배로운 피로 된 것이니라"(벧전1:18~19)

이와 관련하여 구속에 대한 성경의 주요 개념은 죄로부터 그리고 죄인에 대한 하나님의 심판으로부터 구원에 초점을 맞추고 있다(마1:21; 눅1:77; 행2:40; 롬5:9). 특히 이 구원은 최후의 심판으로부터 면제뿐만 아니라 영생에 참여하는 특권까지 내포하고 있다. 따라서 구원은 그리스도인이 되었던 과거적 체험(고전15:2; 엡2:5), 현재 진행해 가고 있는 그리스도인으로서의 생활(행2:47; 고전1:19)과 장래에 누리게 될 미래적인 체험(롬5:9~10; 고전5:5)을 동시에 포함하는 것이다. 분명한 것은 이러한 구원이 '그리스도를 믿는 자'에게 초점이 맞추어졌다는 사실이다.

1) 구속의 언약(Covenant) 히: 베리트

'언약'은 하나님께서 주도하셔서 그의 백성과 맺는 계약을 의미한다. 다시 말해 먼저 손 내미신 하나님이 우리와 맺은 관계이다. 최초의 언약은 '에덴의 언약'(창1:26~39)이다. 그리고 이어지는 '아담의 언약'(창3:1~24), '노아의 언약'(창9:8~17), '아브라함과의 언약'(창15장, 17장), '모세와 이스라엘 백성들을 향하신 언약'(출20장, 40장)과 '다윗의 언약'(삼하 7:1; 왕상8:17 이하)에서 크고 작은 구체적인 언약이 제시되었다.

그리고 최종적으로 예수님은 용서의 '새로운 언약'(마26:28)을 자신이 스스로 희생제물이 되시면서 완성하셨다(눅22:20; 고전11:25). 그것은 최후의 만찬에서 포도주로 상징되었으며 십자가에서 자신의 피를 흘리시므로 확증하셨다. 이처럼 '옛 언약'이 파괴에 대한 형벌로 동물의 희생을 요구했지만 '새 언약'에서는 완전한 희생이신 예수 그리스도의 죽음을 통하여 죄에 대한 형벌을 치르셨다는 점에서 '옛 언약'은 실제의 형상인 '새 언약'의 그림자이다(막14:24; 눅22:10; 시139:11~15).

> "우리를 거스르고 불리하게 하는 법조문으로 쓴 증서를 지우시고 제하여 버리사 십자가에 못 박으시고"(골2:14)

> "이 잔은 내 피로 세운 새 언약이니 곧 너희를 위하여 붓는 것이라"(눅 22:20)

2) 거듭남

　중국선교의 개척자 허드슨 테일러 선교사가 사역하던 중 한 청년이 "신자가 되는 데 몇 년이 걸립니까?"라고 물었다. 테일러 선교사는 질문에 대답 대신 "램프의 심지에 얼마 동안 불을 붙여야 빛을 발합니까?"라고 반문을 하였다. 그러자 청년은 "그야 심지에 불이 붙는 순간부터 빛을 발하지요"라고 대답했다. 테일러 선교사는 청년의 손을 잡고 이렇게 말했다. "바로 그것입니다. 하나님께서 나를 부르시고 구원을 하셨다는 것을 깨닫는 순간, 새로운 삶에 비친 영혼에서 빛이 타오르게 된답니다." 그렇다. 예수를 아는 것과 믿는 것은 다르다. 지금 자신에게 구원의 확신이 있는지 확인해 보라〈출처: 김장환 큐티 365 중에서〉.

　자기 자신의 의지나 소망만으로는 하나님을 절대로 찾을 수 없다. '거듭남'이란 영적 시체였던 자에게 예수님 십자가 죽음의 의미와 그 은혜를 받아들이게 이끄시는 성령의 초자연적 역사를 말한다. 사도바울은 "그런즉 누구든지 그리스도 안에 있으면 새로운 피조물이라 이전 것은 지나갔으니 보라 새것이 되었도다"(고후5:17) 오직 성령의 역사로만 예수님을 자신의 구주로 영접할 수 있고, 그것이 바로 새로운 피조물로 거듭나는 것이라고 설명한다.

> "내가 그리스도와 함께 십자가에 못 박혔나니 그런즉 이제는 내가 사는 것이 아니요 오직 내 안에 그리스도께서 사시는 것이라 이제 내가 육체 가운데 사는 것은 나를 사랑하사 나를 위하여 자기 자신을 버리신 하나님의 아들을 믿는 믿음 안에서 사는 것이라"(갈2:20)

3) 하나님의 형상(Image of God) 회복

'하나님의 형상'이란 사람이 처음 창조되었을 때 하나님으로부터 생령을 받은 고귀한 인간 본성을 가리킨다. 여기서 '형상'이란 지위, 닮음, 유사성과 같은 구체적인 의미를 말한다. 그런 면에서 예수 그리스도는 그 자신과 구속받은 자 안에서 하나님의 형상을 충만히 회복시키신 분이다. 이것은 예수 그리스도께서 "보이지 아니하시는 하나님의 형상"(골1:15)이시며, "하나님 본체의 형상"(히1:3)이라는 측면에서 재정의된다. 따라서 예수 그리스도를 통한 하나님 형상으로의 회복은 타락한 인류의 구속과 예정하심을 향한 성화의 길을 주님과 동행하며 진행하게 된다.

> "우리가 다 수건을 벗은 얼굴로 거울을 보는 것같이 주의 영광을 보매
> 그와 같은 형상으로 변화하여 영광에서 영광에 이르니 곧 주의 영으로
> 말미암음이니라"(고후3:18)

우리에게 있어 하나님 형상 회복은 삶의 방향이 하나님의 작정하신 뜻으로 향할 때 생성된다. 이는 우리 안에 예수 그리스도에 의한 구원의 생령이 회복될 때 가능하다. 그때 우리는 새 피조물이 되며(고후5:17), 그리스도의 형상을 본받게 된다(롬8:29). 이와 관련하여 사도바울은 믿는 자들은 그리스도 마음을 품어야 하고(빌2:5), 하나님의 형상을 따라 지식까지 새롭게 되며, 의와 거룩함으로 지음 받게 되므로(엡4:22~24; 골3:9~11)라고 말하면서 이성적·윤리적 요소까지를 강조한다. 이에 관해 마틴 로이드 존스는 "사람은 죄 이후에도 하나님의 형상을 완전히 상실하였다고는 하지 않고(창9:6; 고전11:7; 약3:9), 그의 형상이 지속한다"라고 전제한다. 즉 하나님의 형상은 인간의 죄에 의해 근본적으로 왜곡되었으나 아직 완전히 상실되지는 않았다고 본 것이다. 그 사실은 그리스도 안에서 하나님의 형상을 다루는 목적이 우리를 향하신 하나님의 긍휼하심과 예수 그리스도를 통한 구원을 향하고 있기 때문이다.

우리는 누구인가?

"때가 차매 하나님이 그 아들을 보내사 여자에게서 나게 하시고 율법 아래 나게 하신 것은 율법 아래 있는 자들을 속량하시고 우리로 아들의 명분을 얻게 하려 하심이라"(갈4:4-5)

1) 존재의 목적이 된 우리

본래 우리는 하나님의 생령을 받아 태어난 하나님의 소생이다. 인간이 하나님의 형상으로 지음받고, 생령을 받았다는 것은 인간의 선택의지가 태생적으로는 하나님을 향한 자율성을 담고 있다는 것이다. '하나님의 자율성'이란 사람은 하나님의 뜻에 따라 움직이는 존재의 목적으로 지음 받았음을 의미한다. 이는 하나님의 청지기로서 그분의 뜻을 수행하는 선(善)을 행할 능력을 부여받았다는 것으로, 따라서 인간이 하나님을 경외한다는 것은 그분의 때와 뜻을 기다림과 함께 공유한다는 의미이며 그것은 거룩한 두려움과 설렘을 갖게 한다. 이러한 속성은 거듭남의 기대와 함께 인내와 오래 참음을 통한 하나님의 지혜를 생산하는 샘이 된다.

● 깨달은 자들의 복음 증거의 모본

예수님의 인류에 대한 구속이 보편적 진리로 전해진 시대에 믿지 않는 자에게는 믿고 구원에 이르게 하시고, 믿는 자는 그 믿음을 토대로 하나님 앞에서 청지기로서 삶과 그 결산을 요구하신다. 예수님의 이 지상명령은 "내가 너희를 죄에서 구속한 것과 같이 이 땅에서 너희 모든 삶에 대해 마땅한 책무를 다해야 한다"라고 말씀하신 것이다. 이는 우리가 주님을 위하여 무엇을 하도록 지음을 받았는지를 깨닫게 한다. 그것은 먼저 구원의 확신을 믿음으로 받아들이고 깨달은 자들이 복음 증거의 모본을 행함으로써 예수 그리스도를 증거하라고 하신 뜻이다. 그리고 그에 대한 보상을 우리가 되돌아가야 할 영원한 나라의 '상급'으로 약속하고 계신다. 이처럼 하나님의 놀라운 은혜는 과거인 구원(요일3:2)을, 미래의 상급(계22:12)으로 연결하여 하나님 나라로 되돌아가게 될 기회를 열어 놓고 있다.

자! 이만하면 우리의 삶이 부끄러운 구원이 되지 않도록 해야 하지 않을까?(눅 23:39~43) 이 신앙적 고민은 우리가 인생의 부르심인 청지기 직을 수행하는데 이 땅의 삶 속에서 '**주인이 나를 어떻게 생각하시는가?**'에 관한 점검이기도 하다.

["마가복음 14:66~72의 베드로의 세 번 부인을 통해 우리의 약속이나 다짐들이 주변의 압력에 의해 얼마나 쉽게 무너지는지를 대신 투영해 준다. 베드로는 자신의 처참한 실패에 눈물을 흘리고 말았다. 그러나 그러한 실패의 순간이 구원의 순간이 될 수 있다. 우리의 연약함을 교만과 자만과 대면해 줄 수 있기 때문이다. 우리가 얼마나 자신의 힘과 지혜에 의지했는지를 깨닫게 해준다. 실패할 때 우리의 개인적인 연약함과 취약함이 드러난다. 이것이 바로 '은혜'가 되었다. 베드로의 실패는 그에게 주어진 사역의 끝이 아니라 새로운 시작을 가능하게 했다. 이후 베드로는 부활하신 예수님과 갈릴리 바닷가(요21:1~19)에서 다시 만났고, 그 만남을 통해 자신의 잘못에서 벗어나 새롭게 되었다. 그때 베드로와 다른 제자들은 바닷가에 있었다. 그들은 원래의 직업으로 돌아가 다시 어부가 되어 있었다. 그늘 그들에게는 힘든 밤이었다. 밤새 그물을 던졌지만, 아무것도 잡지 못했다. 그때 낯선 사람 하나가 바닷가에 나타났다.

"날이 새어갈 때에 예수께서 바닷가에 서셨으나 제자들이 예수이신 줄 알지 못하는지라"(요21:4) 그런데 그 낯선 사람이 배의 오른편으로 그물을 던지라고 말했다. 이후 이어지는 내용 전체를 통해 이야기의 핵심은 예수님이 베드로와 만나시는 부분이다. 베드로는 생선이 익어가는 불 곁에 서 있었고, 가까이에는 빵이 있었다. 생선과 빵은 베드로와 제자들이 5천 명을 먹였던 때를 생각나게 했다. 그리고 불은 대제사장 집 안뜰에서 예수님을 세 번 부인할 때 타던 불꽃을 상기시켰다. 이러한 상황에 이어져 부활하신 예수님은 베드로에게 과거의 실패를 만회하고 처음부터 다시 시작할 기회를 주신다. 베드로가 예수님을 부인한 횟수에 맞춰 예수님은 베드로에게 그가 자신을 사랑하는지 세 번 물으셨다. 베드로는 매우 고통스럽고 힘들었지만, 이 끈질긴 질문 앞에서 예수님에 대한 자신의 사랑을 재삼 확언하였다. 베드로가 부활하신 예수님에 대한 사랑을 재다짐할 때마다 그는 하나님의 백성을 돌보는 임무를 제안받고 위탁받는다. 이제 그는 예수님의 양을 먹이고 무리를 돌봐야 한다. 나아가 예수님은 앞으로 베드로의 임무가 얼마나 큰 대가를 치르게 될지 미리 알려주시기라도 하듯 베드로가 어떻게 죽을지를 암시하신다(요21:18). 이후 베드로는 다시는 예수님을 실망하게 하지 않았다."]

〈출처 : 알리스터 맥그래스 "그리스도인은 무엇을 바라는가?〉

우리는 실패를 통해, 또는 주변의 변화된 삶의 이야기를 통해 쉽게 간과하고 있던 '거듭남'과 '부활'이라는 소망의 한 측면을 새롭게 부각시킨다. 그것은 바로 삼위일체 하나님 앞에서 **"나는 누구인가?"**를 각성케 하고 개인의 변화에 대한 소망을 추동시키는 것이다. 이제 우리는 한편으로는 교만하지 않기 위해 우리의 실패를 상기시켜야 하고, 또 다른 한편으로는 절망하지 않기 위해 우리를 회복시키시는 부활하신 예수님의 능력과 현존하심을 기억해야 한다. 이처럼 '거듭남'과 '부활 신앙'의 소망은 스스로 **"나는 누구인가?"**라는 질문이 있게 함으로써 '참 그리스도인의 영'을 품게 한다.

1. '나는 누구인가?'를 간략하게 적어 보고 존재와 소유적 관점에서 자신을 생각해 보라.

2. 자신에게 '예수 그리스도는 누구인가?'를 생각해 보고 구원의 의미를 묵상해 보라.

3. 일상에서 성령의 이끌림에 귀 기울이며 듣고 있는가?

1. 하나님이 사람을 창조하신 목적은 무엇입니까?

    • 사43:21

    • 엡1:6

2. 인간은 무엇으로부터 죄의 출발이 시작되었습니까?

    • 창3:5

    • 자신에게 나타나는 소유의 욕망은 어떤 것들이 있습니까?

    • 세상의 것으로 최고의 행복을 누릴 수 있다 생각을 하는 사람들에게 어떻게 조언하
     여 주겠습니까?

3. 예수 그리스도의 구속은 성경에서 어떻게 말하고 있습니까?

    • 마1:21

• 행2:40

• 롬5:9~10

• 고전15:2~3

• 엡2:5

• 예수 그리스도의 구속은 본인에게는 어떤 의미로 받아들입니까?

4. 거듭남에 관해 다음 성경 구절을 묵상하고 함께 나눠 보세요.

• 고후5:17

• 갈2:20

• 신앙생활을 통해 거듭남을 느끼거나 체험한 적이 있다면 언제입니까?

• 거듭난 삶을 지속시켜 나가기 위한 훈련과 방법이 있다면 나누어 주세요.

5. 하나님의 형상을 회복하는 자의 삶은 어떠해야 한다고 성경은 말씀하고 있습니까?

• 엡4:22~24

- 빌2:5

- 골3:9~11

6. 우리는 예수 그리스도 구속의 은혜로 존재의 목적이 된 자들입니다. 구원의 확신을 가진 자로서 우리의 정체성을 어떻게 표현하겠습니까?

- 구원받은 자로서의 정체성

- 은혜를 받은 자로서의 두려움과 설렘

7. 예수 그리스도와 자신과의 관계를 삶과 신앙을 통해 어떻게 만나고 있는지 함께 나누어 보세요.

진정한 복과 보물은 무엇인가?

성경은 모범적인 경건한 사람에게 축복을 선포할 때 '복 있는 자' 또는 '복이 있을지어다'라고 표현한다. 복을 담아내는 그리스도인들에게 진정한 복과 보물이 무엇인가를 깨닫는 것은 삶의 방향을 바로 세우게 한다.

◆ 암송 구절

"우리가 이 보배를 질그릇에 가졌으니 이는 심히 큰 능력은 하나님께
있고 우리에게 있지 아니함을 알게 하려 함이라"(고후4:7)

◆ 길라잡이

일반적으로 생각하는 복의 개념은 '소유'를 중심으로 생각한다. 현대사회에서 소유

적 개념은 물질, 시간, 지식, 자녀, 재능 및 건강 등 자기중심적으로 형성되는 사회적 우월성을 표현한다. 그러나 성경에서 말하는 복의 개념은 '소유'가 아닌 '존재'와의 관계적 개념으로 규정하고 있다. 즉 존재케 하시는 하나님으로부터 존재의 목적을 부여받은 사람에게 향한 복을 말씀하고 계신다. 자신이 어떤 존재의 목적을 가지고 태어났으며, 존재케 하시는 하나님과 어떤 관계를 맺고 있는가의 시각이다. 우리는 창세전에 하나님의 작정하신 계획 안에서 존재의 목적을 가지고 태어났다. 그리고 예수 그리스도의 구원을 통해 그분과 자녀 관계가 되었다는 값없는 은혜가 우리에게 가장 귀한 복이라는 사실이다. 따라서 예수 그리스도를 깊이 알아가는 것이 영생으로 나아가는 길임을 믿는 신앙이 최고의 복을 소유한 것임을 깨달아야 한다.

◆ 들어가는 길목에서

1. 당신에게 '중요한 것' '필요한 것' '원하는 것'은 어떤 것들입니까?

2. 지금 여러분에게 복과 보물은 무엇입니까?

3. 여러분은 구원의 확신을 삶에서 어떻게 나타내십니까?

그리스도인의 삶에서 '중요한 것' '필요한 것' '원하는 것'의 의미

〈이전〉

중요한 것	
필요한 것	
원하는 것	

⇒

〈이후〉

중요한 것	
필요한 것	
원하는 것	

1) 중요한 것

"영생은 곧 유일하신 참 하나님과 그가 보내신 자 예수 그리스도를 아

는 것이니이다"(요17:3)

그리스도인에게 **'중요한 단 하나의 것'**은 무엇인가? **예수 그리스도**이다. 예수님을 믿는다는 것은 전적으로 그분의 구원역사를 감격해하고 신뢰하며 믿는다는 순종을 뜻한다. 예수 그리스도가 지신 십자가는 인류의 죄악을 표면화시켜 그분을 통해 하나님 구원의 역사가 이루어지게 하심이었다. 그것은 인간의 선택의지와는 관계없이 아담의 죄에서 벗어날 수 없었던 인류구원을 위해 하나님의 긍휼하심이 메시아 구원의 틀 속에서 진행되었음을 뜻한다. 따라서 이 구원의 감격을 깨달은 자들이 마땅히 가져야 할 소망은 우리 주님을 '나의 가장 중요한 분'으로 마음에 담는 것이다.

☞ **예수님은 하나님께서 우리에게 주신 복의 총체적인 분이심을 놓치지 말아야 한다.**

2) 필요한 것

'필요한 것'은 가장 중요한 보물이신 예수님을 담을 수 있는 그릇을 말한다. 구원받은 우리는 이 땅에서 예수님 때문에 해야 할 마땅한 일들이 너무 많다. 다시 말해 우리 삶의 전인격적인 부분이 예수님을 향한 노력과 준비여야 한다는 사실이다. 즉 우리 삶의 모든 목표의 정점에 예수님의 영광을 분명하게 설정해 두어야 한다. 그럴 때 주님은 친밀하게 다가오셔서 그분의 뜻과 계획을 우리가 해야 하는 일과 삶에 덧입혀 주신다. 그러므로 그분의 친밀하신 마음은 우리에게 허락하신 지식과 건강 그리고 물질 및 각자에게 선물로 주신 다양한 재능과 같은 깨끗하게 준비된 그릇을 원하신다(고후4:7). 그 이유는 우리로 하여금 그리스도의 복을 담게 하여 축복의 통로로 사용되게 하기 위함이다.

3) 원하는 것

'원하는 것'이란 내 중심의 소유를 뜻한다. 사단의 덫은 원하는 것에 대한 친밀감에서 온다. 우리 생활의 많은 부분에서 원하는 것은 소유의 마음에서부터 생긴다. 소유하고 싶은 친밀한 유혹은 집착을 낳고, 그것은 탐심과 욕심으로 나타난다. 지금 당장 옷장, 신발장, 생활 도구, 장식장 등 자신의 생활 주변에 친밀감의 유혹으로 과도하게 쌓아 놓은 많은 소유물을 확인해 보라. 과연 필요해서 구매한 것이며, 잘 사용하고 있는 현재의 것들인가? 아니면 다음에 사용할 것이라고 스스로 변명하는 소유물들인가? 또 지식이나 명예 등을 자신만을 위한 소유물로 여기고 타인에게 빼앗기지 않으려고 전전긍긍하고 있지는 않은가? 이처럼 '필요한 것'의 이상은 '원하는 것'이 된다. 그것은 과소비와 과시 소비를 부르고, 자기기만을 가져오며, 하나님이 기뻐하시는 삶에 투자할 기회를 놓치게 되며, 죄의 삶으로 확산할 유혹을 제공한다.

하늘의 복은 세상 복과 다르다

성경에는 날마다 성전 미문에서 구걸하며 생활하고 있는 나면서부터 앉은뱅이 된 자의 기록이 나와 있다. 그가 바라는 복과 희망은 무엇이었을까? 어느 날 물질을 구걸하던 그 앞에 선 베드로와 요한으로부터 "은과 금은 내게 없거니와 내게 있는 것으로 네게 주노니"(행3:6)라는 말을 들었을 때, 그는 분명 낙담하였을 것이다. 그런데 베드로를 통해 선포된 "곧 나사렛 예수 그리스도 이름으로 걸어라"라고 한 말은 앉은뱅이에게 상상할 수 없었던 이적으로 나타났다.

지금 혹시라도 우리가 갈망하는 복의 추구가 이 앉은뱅이가 원했던 것처럼 눈앞의 이익에 머물러 있지는 않은가? 자신의 필요에 의한 그 복에 집착함으로 주님이 우리에게 주시려는 영원한 복을 놓치고 있지는 않은지 지금 우리의 기복적인 신앙을 스스로 확인해 보았으면 한다.

1) 여러분에게 '복'은 어떤 의미인가?

● 구원의 확신이 있는가?

이 말은 우리가 믿는 '구원의 확증'이 삶과 신앙 속에서 무엇으로 표현할 수 있는가에 관한 진지한 물음이다. 하나님의 긍휼은 예수 그리스도를 통해 '구원의 복'을 주셨다. 그런데 우리는 구원에 대한 감사와 그에 따른 마땅한 헌신을 잊어버리거나 망각한다. 예수님은 "우리의 물질, 지식, 달란트, 시간 등을 어디에, 어떻게 사용하는지 영수증을 보면 네 주인이 누구인지 알 수 있다"라고 하셨다. 다시 말해 주님은 우리를 향해 '복'과 '구원'의 관계가 우리 중심의 소유조건으로 형성되어 있지 않은지를 질문하고 계신 것이다.

혹시 우리의 복이 '육욕'과 '정욕'으로 가득 차 있지는 않은가?

성경은 사람이 하나님을 떠나는 속성 세 가지를 신명기17:16~17을 통해 말씀하신다.

첫째, 권력과 명예 그리고 인간의 논리를 앞세울 수 있는 병마(군사)를 많이 두지 말라.

둘째, 세상의 유혹에 민감할 수 있는 이방 연인을 가까이하지 말라.

셋째, 재물을 상징하는 은과 금을 많이 쌓지 말라고 경고하셨다.

육욕과 정욕은 아담과 하와 사이로 친밀하게 다가온 사단의 모습 속에서 쉽게 확인할 수 있다. 하나님은 '육욕'에 관하여 인간이 자기 생명을 유지하기 위하여 주변의 자연적인 것들을 이기적으로 취하려는 마음으로 보셨다. 이러한 육욕은 아주 아름답고, 부드럽고, 세련되며 감각적으로 다가오는데 이 속에는 예수님께서 바리새인의 모습을 질타하셨듯이 영적 교만도 포함되었다. 또한 '정욕'에 대하여 하나님은 영적으로나 신체적으로 '그것을 당장 가져야겠다'라는 인간의 조급한 탐욕적인 속성을 말씀으로 지적하셨다〈출처: 오스왈드 챔버스의 『죄와 구원』 중에서〉.

"너는 나보다 앞서 길갈로 내려가라 내가 네게로 내려가서 번제와 화목
제를 드리리니 내가 네게 가서 네가 행할 것을 가르칠 때까지 칠 일 동
안 기다리라"(삼상10:8)

그러나 하나님의 말씀을 기다리지 않은 사울처럼 우리 역시 세상의 삶 속에서 하나
님의 때를 기다릴 수 없다고 하여 우리의 논리와 판단으로 진행하는 일들이 얼마나
많은가? 또한 하나님은 그때그때 마다 자신의 기도를 즉각적으로 응답해 주지 않으시
는 분이라 생각하여 조급히 결정하는 우리의 모습이 얼마나 많은가? 이러한 사실은
우리가 신앙인이면서도 삶 전체를 통해 얼마나 많은 부분에서 하나님에 대한 불신을
삶의 행동으로 표현하고 있다는 점에서 확인할 수 있다.

"그러나 그들은 그가 행하신 일을 곧 잊어버리며 그의 가르침을 기다리
지 아니하고 광야에서 욕심을 크게 내며 사막에서 하나님을 시험하였
도다"(시106:13~14)

오늘날 우리의 육욕과 정욕은 '복'(기복신앙)과 밀접한 관계를 맺고 있다. 인간의 욕심
은 하나님의 때를 기다리지 못하는 조급함의 행위에서 쉽게 발견한다. 반면 요셉은
노예와 감옥생활 13년, 야곱은 형과 잘못된 관계 회복을 위해 20년을 기다렸다. 그리
고 아브라함은 25년간 하나님과의 약속을 기억하며 순종함으로 나아갔으며, 모세 또
한 40년 동안 하나님의 훈련을 받으며 그의 기쁘신 뜻에 합당한 자로 거듭나길 소망
하였다. 심지어 욥은 "내 가죽이 벗김 당한 뒤에도 내가 육체 밖에서 하나님을 보리
라"(욥19:26)며 하나님과의 관계를 믿음과 순종으로 신뢰하였다.

이처럼 하나님의 시간은 사람이 참을 수 있는 한계보다 조금 더 뒤에 나타나는 경

우가 많다. 그것은 우리의 '믿음의 완성' 곧 '순종'을 확인하고자 하심이다. 그러므로 '하나님이 계신다'라는 것을 신실하게 믿는 사람만이 기다릴 수 있다. 그리고 기다리는 사람이 순종할 줄 안다. 순종은 내 생각과 상대방의 생각이 다를 때, 상대방의 뜻을 따르는 것으로 믿음 없이는 할 수 없다. 특히 하나님과 우리와의 관계에서 순종은 하나님의 긍휼하심에 대한 마땅한 도리이지 하나님으로부터 무엇을 더 달라고 떼쓰는 조건이 아니다. 즉 '순종하였더니 하나님께서 풍족히 더하시더라' 하는 믿음이 '하나님 복의 비밀'을 아는 신앙인 것이다.

'우찌무라 간조'라고 하는 일본의 신학자는 임종 시 하나님께 다음과 같은 감사의 고백을 했다고 한다.

> "만일 하나님께서 내 멋대로 드리는 기도를 받아주셨다면 나는 거만하고 인정이 없고 밉살스러운 인간이 되었을 것입니다. 아! 실로 감사합니다. 하나님께서는 나의 영혼을 죄다 물리치시고 나의 원하는 것을 파괴하셨습니다. 하나님께서는 내가 원치 않는 길로 나를 이끌어 가시사 나로 하여금 구하지 않는 길로 가게 하사 하나님의 뜻을 이루셨습니다."

● 영적 복을 바라본 믿음

세상 행복이 아무리 귀할지라도 그 자체로는 영적이거나 구원의 가치가 없다. 구약 시대에서도 영생의 복은 하나님으로부터 죄의 용서를 받고 해방되는 것임을 깨닫게 하셨다. 그 시대 사람들은 죽음 이후나 부활 등의 교리가 분명히 계시되지 않았음에도 불구하고 하나님께 구원을 구했고 하나님을 향하고 있었다. 그리고 하나님이 주시겠다고 하신 복의 약속 또한 물질과 명예와 권세를 통해서 가시적이고 체험적으로 성취토록 하셨음을 확인할 수 있다.

하나님은 창조 세계에서 인간을 물질로 돌보시면서 의식주를 통해 모든 복이 하나님으로부터 오는 무상의 선물이며 이를 통해 하나님이 만물의 주인 되심을 가르치시길 원하셨다. 나아가 구약시대의 아브라함과 이삭과 요셉과 욥, 다윗, 솔로몬 등에게 허락하신 물질과 명예, 권세의 복은 그것의 완성으로 표현된 영적 복인 예수 그리스도 안에서 구원의 선물을 예비하신 표징이었다. 이들은 그러한 복의 배후에 그것을 초월하는 영적구원에 대한 원대한 하나님의 목적이 있다는 사실을 순종과 믿음으로 깨달았다.

> "허물의 사함을 받고 자신의 죄가 가려진 자는 복이 있도다. 마음에 간
> 사함이 없고 여호와께 정죄를 당하지 아니하는 자는 복이 있도다"(시
> 32:1~2)

여러분 착각하지 마시라!

우리가 주인이라 생각하며 욕심내고 집착하는 재물, 명예, 권세 등 모두 다 하나님의 것이다. 그리고 이 모든 것을 탐하는 우리의 운명 또한 하나님의 손에 달려 있다. 현재 하나님이 우리에게 주시는 복의 참뜻은 축복의 통로로 사용하시기 위함이다. 하나님께 순종했던 구약의 선진들이 믿지 않은 애굽과 이웃 나라 백성들까지 기근으로부터 구제받는 축복의 통로로 사용하였듯이, 그들은 물질의 복을 통해 하나님을 떠난 것이 아니라 그들의 실생활 속에서 영적구원을 체험케 하시는 하나님과 동행하는 삶을 살았다.

> "이 사람은 다 믿음을 따라 죽었으며 약속을 받지 못하였으되 그것들을
> 멀리서 보고 환영하며 또 땅에서는 외국인과 나그네임을 증언하였으니
> … 이러므로 하나님이 그들의 하나님이라 일컬음 받으심을 부끄러워하
> 지 아니하시고 그들을 위하여 한 성을 예비하셨느니라"(히11:13~16)

삶의 영성과 재정

아브라함은 물질(명예, 권세)의 복을 통하여 '영적 복'을 바라볼 수 있는 믿음의 눈을 가진 사람이었다. 그런 사람은 '물질의 복'에 집착하지 않는다. 왜냐하면 그것은 하나님의 주권에 속한다는 사실을 알기 때문이다. 지금 하나님은 우리의 믿음을 요청하고 계신다. 믿음은 하나님을 향한 신뢰와 순종을 바탕으로 형성된다. 진정으로 복 있는 사람은 자신도 아브라함과 동일한 하나님과의 관계가 가능함을 믿고 신뢰와 순종하는 삶을 사는 사람이다. 그러할 때 다윗의 고백처럼 "내 잔이 차고 넘치나이다"라는 복을 받을 수 있다.

2) 십자가 구원의 복

신약시대의 핵심은 '**십자가 구원의 복**'이다.

> "내가 복음을 부끄러워하지 아니하노니 이 복음은 모든 믿는 자에게
> '구원'을 주시는 하나님의 능력이 됨이라…"(롬1:16)

또 다윗이 말한바

> "불법이 사함을 받고 죄가 가리어짐을 받는 사람은 복이 있고 주께서
> 그 죄를 인정하지 아니하실 사람은 복이 있도다 함과 같으니라"(롬4:7~8)

여기서 '**구원의 세 가지 측면**'을 살펴보자.
첫째, 죄의 형벌에서부터 벗어나는 '**과거적 구원**'(눅7:50) 즉 구속의 죄 사함을 들 수 있다.
둘째, 매일의 삶 속에서 죄의 세력에게서 벗어나는 '**현재적 구원**'(롬5:10) 이는 죄성으로부터 회개의 문제에 속한다.

셋째, 주님의 결산대에서 죄의 실제적인 존재로부터 벗어나는 **'미래적 구원'**(고전3:15, 5:5)을 말한다.

예수님의 새 언약은 '구원의 복'을 통한 영원한 유산인 '은혜'와 '상급'을 바라는 자들에게 포괄적이고 영적인 복을 약속하고 계신다. 그런데 그 속에는 이 땅에서 예수 잘 믿기 때문에 오는 **'그리스도인의 고난'**이 포함되어 있다. 하나님과의 온전한 관계로 나아갈 때 고난의 교제가 포함되어 있다는 것은 하나님 자신도 우리와의 화목을 위해 독생자 예수 그리스도를 내어주시는 고난을 몸소 보여주셨다는 사실에서 비롯된다. 따라서 우리는 성경 속 믿음의 사람들을 통해 하나님의 복을 받은 자들이 고난의 과정을 분명히 거치고 있다는 것을 수없이 확인할 수 있다.

● 고난을 통해 얻는 복(시73편)

그렇다면 그리스도의 고난은 무엇인가? 그것은 그리스도와 믿는 자들의 밀접한 결합을 의미한다.

"그리스도의 고난이 우리에게 넘친 것같이 우리가 받은 위로도 그리스도로 말미암아 넘치는도다"(고후1:5)

"내가 그리스도와 그 부활의 권능과 그 고난에 참여함을 알고자 하여 그의 죽으심을 본받아"(빌3:10)

"고난 당한 것이 내게 유익이라 이로 말미암아 내가 주의 율례들을 배우게 되었나이다"(시119:71)

"의를 위하여 박해를 받는 자는 복이 있나니 천국이 그들의 것임이

라"(마5:10; 고후4:9; 딤후3:12)

첫째, '**십자가 구원의 복**'(가장 중요하고 값진 복)은 은혜와 함께 우리가 이 땅에서 주님의 영광을 위해 마땅히 해야 하는 헌신을 늘 기억하게 한다. 그리고 그러한 삶의 지속은 그리스도인으로서 성품을 형성케 함으로 인격이 되게 만든다. 특히 환난 중에서 얻을 수 있는 놀라운 결과는 어려움 가운데 있는 다른 사람을 위로할 수 있는 능력을 얻게 된다는 사실이다(고후1:6~7).

> "그가 시험을 받아 고난을 당하셨은즉 시험받는 자들을 능히 도우실 수 있느니라"(히2:18)

둘째, 그리스도인으로서 '**영원에 대한 소망**'을 품게 한다. 이러한 삶의 목표가 오직 (Only) 하나님 영광에 초점을 맞추어 인생을 설계한다. 그리고 그 삶의 실천은 예수님 만 의지하고 바라며(All in) 산다.

셋째, '**청지기로서의 사명**'을 알게 하고 축복의 통로로 사용하시기 위한 위임장을 주신다. 하나님은 창조물을 온전히 다스리고 관리할 자를 지금도 찾고 계신다. 하나 님은 그분께서 창조하신 것을 포기하거나 사람에게 주었다고 말씀하신 곳은 한 군데 도 없다. 성경 어디에도 물질, 명예, 권세, 지식, 신체적 건강 등에 관해 인간을 위한 축적의 소유물이라 허용하신 곳이 없다. 이 모든 것은 하나님이 우리를 통해 축복의 통로로 사용하시고자 은사의 도구로 허락하신 것이다.

이처럼 예수께서 우리에게 지라고 하신 '**십자가**'는 우리 자신의 신념 때문에 받는 고통이 아니다. 그런데 우리는 주님과는 아무 상관없이 오직 '자신의 신념' 때문에 고 난을 경험하는 경우가 많다. 여기서 우리가 져야 하는 십자가는 그분의 제자로서 예수님과 관계를 맺었기 때문에 특별히 져야 하는 십자가를 말한다. 우리가 복음의 증거로 인해 짊어지는 십자가의 특성은 세상에서 경험할 수 있는 모든 조건으로부터 자유로울 수 있는 감사와 기쁨을 의미한다. 갈라디아서2:20은 이를 말씀하고 있다. '외적인 역경'(고난)과 '내적인 은혜'는 언제나 함께 역사한다. 이 경험을 감사로 받아들일 때, 복음의 비밀을 담대히 증명하는 복(상급)을 누린다(엡6:19).

> "여호와여 주께서 주의 종을 위하여 주의 뜻대로 이 모든 큰일을 행하
> 사 이 모든 큰일을 알게(깨닫게) 하셨나이다"(역대상17:19)

결과적으로 '복'은 '소유'의 개념이 아니다. 하나님의 복은 개인의 욕구 충족이나 출세를 통해 얻는 성공에 머문 복이 아닌 타인의 복을 포용시킨 '복', 즉 개인에서 공동체로 전파되는 복을 주셔서 '복의 전이성'을 갖게 한다. 그러므로 우리 그리스도인의 삶은 '잘 사는 삶'이어야 한다. 잘 사는 삶은 먼저 영적 훈련이 잘되어 있는 삶이다. 그리고 그런 훈련이 토대가 된 사람이 '부자가 되는 삶'이어야 한다. 하나님은 땅에서 잘 사는 사람, 즉 깨끗한 부자가 축복의 통로로 사용됨으로 하늘나라에 귀한 상급을 저축하게 하여 천국 부자가 될 수 있는 보장을 해 놓으셨다. 이것이 하나님 **'복의 비밀'** 이다.

구원신앙의 점검

※ 혹시 당신의 구원이 부끄러운 이유가 다음 10가지에 적용되는가?

첫째, 나는 '구원'받았다는 것이 자신의 인생에 어떤 변화를 주었는지 한

번도 구체적으로 생각해 보지 않았다(자신에게 구원은 관념적이었다).

둘째, 나는 예수 그리스도가 자신에게 어떤 분인지 한 번도 진지하게 생각해 보지 않았다(예수 그리스도가 자신의 복과 보물임을 삶으로 느껴 보지 않았다).

셋째, 나는 평생 '성경'을 목숨 걸듯이 깊이 묵상해 보지 않았다(성경은 영원한 천국 삶을 준비시키는 이 땅에서 훈련 지침서).

넷째, 나는 평생 나의 모든 것이 주님이 주인이시라는 사실을 인정하지 않고 살았다(자신이 소유권자이며 주인이며 모든 것을 주관한 삶).

다섯째, 나는 한 번도 영원히 살 천국에 대해 구체적으로 생각해 본 적이 없다.

여섯째, 나는 '그리스도의 영'을 가진 자로서 이 땅에서 삶의 모본을 보여 준 적이 거의 없다(세상의 관심에 더 집중하면 살았다. 가정과 일터, 사회에서 증인 된 삶을 살지 못했다).

일곱째, 나는 '봉사'는 했을지 몰라도 제대로 된 '헌신'은 해 본 적이 없다 (섬김과 드림과 나눔을 조건 없이, 보상 없이 실천해본 적이 없다).

여덟째, 나는 진정으로 누군가를 '용서'해 본 적이 없다.

아홉째, 나는 일평생 '하나님의 통장'을 만들어 보지 않았다(하나님이 필요하실 때 사용하시도록 그분의 통장을 채워 놓지 않았다).

열째, 나는 일평생 그리스도인의 꽃을 피우지 않았고, 따라서 열매도 맺지 못했다('구원이 후에 잠든 영혼'으로 상급 쌓는 일을 게을리했다).

복의 의미

1) 복 받는 조건

그렇다면 하나님이 주시는 복의 의미는 무엇일까?

복은 하나님의 창조 질서와 직결되어 있다. 즉 생육하고, 번성하고, 다스리고, 안식하라는 그것이다. 이것은 오늘날 우리가 그리스도 안에서 지속해서 일치시켜 나가야 할 삶의 방향이기도 하다. 다시 말해 인간 욕구 중심의 속도가 아닌 하나님 질서의 그 방향으로 되돌아가는 것이다. 지금 하나님은 오늘 우리에게 구약의 복과 신약의 복을 동시에 누리는 선물을 주셨는데도 불구하고 구약의 복 뒤에 약속하신 '예수 십자가 구원의 복'마저 잃어버리고 살아가는 우리를 향해 안타까워하고 계신다.

> "사랑하는 자여 네 영혼이 잘됨과 같이 네가 범사에 잘되고 강건하기를
> 내가 간구하노라"(요삼:2)

이 말씀은 우리의 복 받는 조건을 명확하게 제시하고 있다. 물질의 번영이나 개인의 성공, 그리고 육신의 건강은 **'네 영혼이 잘됨 같이'**라는 영적인 복이 하나님과의 신뢰 관계를 통해 먼저 형성된 다음에 온다는 사실이다. 즉 물질의 복은 영적인 삶을 전제로 한다. 영혼이 잘되는 사람의 모습은 매 순간 영적인 관점에서 하나님과 대화하는 사람으로 먼저 하나님 나라와 그의 뜻에 대한 이해와 성령의 인도를 받는 사람을 말한다. 이런 사람에게 "여호와께서 그에게 범사의 복을 주셨도다"(창24:1)라고 약속하고 계신다.

☞ **여러분은 지금 '구원 이후에 잠든 영혼'으로 살고 있지 않은가?**

삶의 영성과 재정

2) 하나님이 주시고자 하는 복

하나님이 우리에게 주시고자 하는 복은 지상의 복은 물론 그것을 훨씬 뛰어넘는 포괄적이고 영원한 영적인 복까지 준비해 놓고 계신다.

> **첫째,** 사람됨이다. "여호와는 하늘을 창조하신 하나님이시며 땅을 창조하시고 견고케 하시되 헛되이 창조치 아니하시고 사람으로 거하게 지으신 자시니라"(사45:18; 창5:1~2)
>
> **둘째,** 창대하게 하신다(창26:12~14; 히11장).
>
> **셋째,** 안식을 주신다(창2:2~3).
>
> **넷째,** 바른길[정로(正路)](잠언23:15~25)로 가게 하셨다. 정직은 하나님과 관계 회복의 바로미터이다. "나 여호와는 의를 말하고 정직을 고하느니라"(사45:19)
>
> **다섯째,** 행복하길 축복하신다(신명기10:12~13).
>
> **여섯째,** 하나님 앞에 가까이 나오게 하시며(시73:28).
>
> **일곱째,** 복의 전이 자로 선택하셨다(창12:3, 18).
>
> **여덟째,** 다스림의 권한 위임하셨다(창1:22, 28).

인간은 생각과 사고의 한계를 느끼지 못할 때 하나님을 고려하지 않고 살아간다. 이런 경우 우리의 치명적 오류는 어떤 문제해결을 이룬 뒤 하나님이 우리의 삶에 어떤 계시를 하고 있는가에 관해 마음을 닫아 버린다는 점이다. 그리고 문제해결 뒤에는 '하나님께서 어떻게 해결해 주셨는지'라는 하나님 중심이 아닌, 자기중심의 무용담을 간증한다. 다시 바닥을 치고 올라온 인생의 중심에 하나님을 외면한 '자신'이 서 있는 것이다. 만약 이러한 삶의 반복이 현재 우리의 믿음과 신앙이라면 이에 관하여 예수님은 지금 '그리스도의 구속 선물을 믿고 받아라'라고 말씀하신다.

이제 우리가 기억해야 할 것은 세상의 풍요는 그 사람의 의로움에 대한 보상이 아니다. 하나님의 의로우심을 나타내기 위한 은혜의 수단일 뿐이다.

☞ **예수 그리스도가 우리에게 가장 중요한 "복과 보물"이다.**

🏠 **실천 적용과제**

다음 말씀을 묵상해 보세요.
구원의 복(마태복음: 산상수훈)

첫째, 5장 3절:

둘째, 5장 4절:

셋째, 5장 5절:

넷째, 5장 6절:

다섯째, 5장 7절:

여섯째, 5장 8절:

일곱째, 5장 9절:

여덟째, 5장 10절:

 **질문을 통한 나눔**

1. 우리의 복에 대한 '기다림'과 '조급함'은 삶과 신앙에서 어떻게 나타납니까?

   • 함께 나눠 보세요.

2. 우리에게 진정한 복은 무엇입니까?

   • 요17:3

   • 롬1:16

3. 히브리서 11장에 나오는 믿음의 선진들이 경험한 고난에 관해 나눠 보세요.

   • 창12:5, 10

   • 창31:3, 41

   • 욥42:1~6, 12~16

4. 본문의 구원신앙 점검을 통해 느낀 점을 나눠 보세요.

5. 신약에서 말씀하고 있는 복과 고난에 관하여 나눠 보세요.

- 행9:16

- 행14:22

- 롬8:17

- 딤후1:8

- 벧전4:1, 13

6. 하나님이 우리에게 주시는 복의 의미는 무엇일까요?

- 창1:22

- 창12:3

- 창26:12~14

- 요삼1:2

7. 예수 그리스도가 자신에게 복과 보물인 이유를 함께 나눠 보세요.

   (삶의 경험 속에서 체험했던 간증 중심으로)

하나님의 청지기 직

◆ 목표

　소유주이신 하나님과 청지기는 창조자와 경작자의 관계이다. 이 역할은 새 하늘과 새 땅에서도 계속될 것이다. 그러므로 청지기 삶은 이 땅에서 영원에 관한 소망을 품고 하나님의 뜻을 실천하는 삶이다. 이것은 삶 속에 모본적인 실천행위로 작동해야 하는 소명을 품게 한다. 신실한 청지기 신앙의 지속성은 주인의 칭찬을 듣는다. 이는 창조의 본질에서 주인과 청지기의 관계로 되돌아갈 수 있는 회복을 뜻한다. 따라서 우리는 모두 언젠가 주인 앞에서 반드시 결산해야 하는 **"부름을 받은 청지기일 뿐"**이다.

◆ 암송 구절

　"스스로 속이지 말라 하나님은 업신여김을 받지 아니하시나니 사람이 무엇으로 심든지 그대로 거두리라"(갈6:7)

우리는 하나님의 생령을 받아 태어난 하나님의 청지기이다. 그러므로 우리 주님은 믿지 않는 자에게는 믿고 구원에 이르게 하시고, 믿는 자는 그 믿음을 토대로 하나님 앞에서 청지기로서의 삶과 그 결산을 요구하신다. 성경은 믿음의 증인들을 통해 하나님과의 관계를 삶 속의 신앙으로 구체화해 보여 주고 있다. 그것은 먼저 구원의 확신을 믿음으로 받아들인 자들이 삶의 영성을 행함으로써 예수 그리스도를 증거 하라고 하신 뜻에 일치시키고 있다. 그리고 그에 대한 보상은 우리가 되돌아가야 할 영원한 나라의 '상급'으로 약속하셨다. 안타깝게도 우리는 이 진리를 관념적 믿음으로 자신의 실천적인 삶에 연결하지 못하는 경우가 많다.

우리는 현대를 살아가면서 수많은 말과 글 속에서 하나님의 긍휼, 주권, 예수님의 구속과 부활, 영원성과 그에 따른 소망, 영성 등에 관하여 접하고 있다. 안타까운 것은 이에 관해 너무나 피상적인 구원 관념에 머물러 있다는 사실이다. 이에 하나님은 우리에게 '소원'을 두고 행하라고 하신다(빌2:13). 이 계시의 말씀은 우리가 이 세상에서 마땅히 해야 할 일과 내세에서 하게 될 일은 모두 하나님이 우리의 마음속에 두신 소원을 통해 결정된다는 말씀이다. 이제 다시 "우리는 하나님 앞에서 청지기일 뿐입니다."라고 고백하는 삶의 영성 회복이 필요한 시점이다.

◆ 들어가는 길목에서

1. 자신에게 '소유적인 욕구'가 어떻게 나타납니까?

2. 자신의 삶에 청지기적인 요소가 나타날 때는 언제입니까?

3. '주인'과 '청지기'의 삶 중에 어느 것에 더 관심이 많습니까?

4. '구원 이후 잠든 영혼'으로 사십니까? 그렇지 않습니까?

소유와 재물

1) 소유권은 하나님께 속한 것

"너희 몸은 너희가 하나님께로부터 받은바 너희 가운데 계신 성령의 전
인 줄을 알지 못하느냐 너희는 너희 자신의 것이 아니라"(고전6:19)

오늘날 인간의 문제란 거의 소유의 문제다. 우리 사회는 인간의 존재적 가치나 됨
됨이가 아니라 무엇을 얼마나 소유했는지가 인간의 가치를 판단하는 척도가 되어 있
다. 소유에 대한 탐욕과 집착으로 대립과 갈등 속에서 물질적인 것은 물론 신념의 진
영논쟁, 사회적 갑질, 서로 간의 비교우위 경쟁 등이 대부분 소유적 가치로 판단한다.
물질, 권력, 명예, 지식 등 소유독점을 위해 다투고 고통을 겪는다. 결과적으로 인간은
사회·문화적 현상의 숭배, 정치·경제체제의 노예, 자신이 만든 이데올로기에 종속되
어 있다고 해도 과언이 아니다.

이에 대해 바실리우스(Basilius Caesriensis 329~379)는 "하나님께서는 모든 인간이 하나님의 창조물을 청지기 삶으로 잘 보존하고 관리하길 원하셨지만, 죄로 인한 인간의 탐욕 때문에 소유욕이 생겨났다고 하면서 하나님의 것을 자신의 것으로 여기는 탐욕스러운 사람들을 강도와 도둑으로 단정하였다. 사실 성경 어디에서도 하나님이 우리에게 소유권을 넘겨주신 적은 한 구절도 없다. 분명한 것은 하나님은 창조하신 모든 것을 여전히 소유하고 계실 뿐 아니라 그분의 소유물을 우리에게 얼마만큼 맡기실지도 스스로 결정하신다는 점이다."라고 설파하고 있다〈출처: 바실리우스: 『부와 가난에 대한 바실리우스의 이해』〉.

2) 성경은 '소유'에 대해 어떻게 말하고 있을까?

소유와 청지기는 '언약의 언어'이다(창17:5~7, 10:11). 언약은 하나님이 순종하는 자와의 관계 유지에 관한 약속으로

> "하나님이 미리 아신 자들을 또한 그 아들의 형상을 본받게 하기 위하여 미리 정하셨으니 이는 그로 많은 형제 중에서 맏아들이 되게 하려 하심이니라 또 미리 정하신 그들을 또한 부르시고 부르신 그들을 또한 의롭다 하시고 의롭다 하신 그들을 또한 영화롭게 하셨느니라"(롬 8:29~30)

하나님의 언약에는 의지(하나님의 궁휼)와 희생(예수 그리스도)이 담겨 있다. 우리도 어떠한 약속을 지킬 때는 그에 앞서 약속을 지키기에 필요한 희생을 염두에 두어야 하며 그 희생을 치를 능력과 의지가 있는지도 확인해야 한다. 성경은 소유에 대해 처음부터 "세상이 그로 말미암아 지은 바 되었으며"(요1:10)라고 우주 만물이 주님께 속해 있다고 선포한다. 우주, 자연, 동물, 식물뿐만 아니라 우리 자신, 우리가 소유했다고 생

각하는 모든 것을 그분께서 소유하고 있음을 말씀하고 있다. 그러니 우리가 소유라고 생각하는 그 어떤 것도 처음부터 우리의 것이 아니다. 지금 우리가 가지고 있다고 착각하는 모든 것은 우리에게 마음대로 사용하라고 소유권을 이전해 주신 것이 아니라 나중에 최종 결산을 할 것이므로 주인의 뜻에 따라 잘 사용하라고 이 땅에서 잠시 맡겨진 것일 뿐이라는 사실이다. 창조물의 소유권자는 하나님이시며 우리는 단지 주님의 청지기로 부름을 받은 자일 뿐이다.

● 잘못된 주인의식은 잘못된 행동을 낳는다

우리 안에는 "나는 나의 최선을 이루겠다. 내 목적들을 위해 나를 훈련한다"라는 자아실현의 욕구적 잠재성이 내재되어 있다. 즉 이성에 대한 무한대적 신념인 인본주의적 사고가 자리 잡고 있는 것이다. 내가 주인이므로 내 마음대로 모든 것을 결정할 자격이 있다고 생각한다. 이는 진짜 주인을 모르기 때문에 갖는 어리석은 자의 행동으로 언젠가 있을 주님 앞에서 인생의 결산이 있음을 모르기 때문에 생기는 착각에서 비롯된다. 이에 성경은 "주의 손으로 만드신 것을 다스리게 하시고…"(시8:6).

인간이 죄 이전에 받은 하나님의 복은 만물에 대한 '위임권'이었다. 그런데 죄를 범한 뒤 진정한 의미에서 만물을 하나님 뜻에 합당하게 다스릴 수 없게 되었다. 오스왈드 챔버스는 그의 책 『창세기 강해』를 통해 "죄는 도덕적인 것과 비도덕적인 것에 관한 것이 아니다. 죄는 자신에 대한 권리의 주장과 관련 있다. 다시 말해 온 마음을 다해 강력하게 하나님으로부터 독립을 외치는 것이다. 오늘날 대부분의 사람이 그리스도인이라 칭하면서도 하나님으로부터 독립하여 자신을 주장한다."라고 지적했다. 바울 역시 돈을 사랑함이 모든 종류의 악의 뿌리라고 했다(딤전6:10). 이때 '악의 뿌리'란 돈이 세상 모든 악의 근원이라는 뜻이 아니라 단지 돈에 대한 태도가 잘못된 주인의식으로 변할 때 그것이 악이 될 수 있음을 경고하고 있는 것이다.

☞ **자아실현을 "그리스도의 실현"으로 바꾸어라**(나쁜 욕심⇒ 좋은 욕심으로).

● 하나님이 주인이라는 사실 앞에 서라

창세기4:26에 나오는 '에노스'라는 이름은 죽을 수밖에 없는 유한한 존재를 뜻하며, 여기서 "여호와의 이름을 불렀다"라는 의미는 사람이 하나님을 자기 생의 주인으로 모시겠다는 최초의 고백이었다.

첫째, 하나님은 그가 원하시는 무엇이든지 그가 원하시는 때에 할 수 있는 권리를 가진다.

> "주께서 나의 날을 한 뼘 길이만큼 되게 하시매 나의 일생이 주 앞에는 없는 것 같사오니 사람은 그가 든든히 서 있는 때에도 진실로 모두가 허사뿐이니이다"(시39:5)

둘째, 우리는 모든 것들을 그분에게 되돌려 드려야 하는 청지기 위치에 있다.

셋째, 우리는 청지기 직을 위선적으로 감당할 수 없는 존재이다.

> "만물이 그에게 창조되되 하늘과 땅에서 보이는 것들과 보이지 않는 것들과 혹은 왕권들이나 주권들이나 통치자들이나 권세들이나 만물이 다 그로 말미암고 그를 위하여 창조되었고"(골1:16)

> "그러나 우리에게는 한 하나님 곧 아버지가 계시니 만물이 그에게서 났고 우리도 그를 위하여 있고 또한 한 주 예수 그리스도께서 계시니 만물이 그로 말미암고 우리도 그로 말미암아 있느니라"(고전8:6)

삶의 영성과 재정

하나님은 하늘과 땅을 창조하셨을 때 "심히 좋았더라"라고 하셨기 때문에 자신이 만드신 그 어떤 것에 대해서도 소유권을 포기하지 않으신다. 그러므로 하나님은 자신의 피조물 또한 포기하지 않을 것이며 오히려 그것을 회복시킬 것이다. 그러니 하나님의 언약 아래 창조된 우리 역시 청지기의 삶을 회복해야 한다. 이 땅의 모든 것, 내가 가지고 있는 그 어떤 것도 처음부터 우리의 것이 아니다. 따라서 영원한 나라에서 진정한 소유를 위해 모든 것의 주인이 따로 있음을 인정하는 삶이 되어야 한다. 우리 자신, 우리가 소유했다고 생각하는 모든 것들에 대한 진정한 주인이 누구인가를 깨달을 때 하나님과의 관계가 회복될 것이며 칭찬받는 청지기의 삶이 시작된다.

● 하나님의 계명을 '소유적 욕구'라는 명분 때문에 세상과 타협을 해서는 안 된다.

세상 문명은 사람을 보호하면서 사람이 회복되어 가게 하는 것이 아니라 하나님이 필요하다는 사실을 잊어버리게 했다. 일찍이 바실리우스는 "문명의 진보 시대에 우리는 맘몬을 최고의 우상으로 숭배할 뿐 아니라 사회는 유물론적인 문화로 가득 차 있다. 오늘 우리 사회는 인간의 됨됨이가 아니라 무엇을 얼마나 소유했는지가 인간을 판단하는 척도가 되어 있다."라고 일갈했다. 신앙이 사회현실과 분리되면 소유적 욕구의 유혹으로 인해 신앙인들이 정치·경제적 권력과 같은 세속적 환경에 순응하는 태도를 보이기 쉽다.

이러한 인간의 소유와 집착은 외로움과 두려움으로부터 온다.

1) 하나님을 의지하지 않을 때(자신이 실패할지 모른다는 두려움)
2) 하나님을 의심할 때(자신에게 만족스러울 정도로 채워 주지 않을 때)
3) 자기 생각에 집착할 때

"내 마음을 주의 증거들에게 향하게 하시고 탐욕으로 향하지 말게 하소

서"(시119:36)

☞ 여러분은 이제 세상의 모든 것을 가졌더라도 주님을 소유하지 못하면 아무것도
가지지 못한 것이요, 세상의 아무것도 가지지 못했어도 주님을 소유했다면 모든
것을 가진 자라고 고백할 수 있을까요?

3) 인간 영혼까지 소유주이신 하나님

하나님은 단지 우주만 소유하고 계신 것이 아니다. 당신과 나를 소유하고 계신다.
첫 번째는 창조로, 두 번째는 구속으로, 우리는 두 번 그분의 것이 되었다〈출처: 랜디 알콘,
『돈, 소유 그리고 영혼』중에서〉.

> "모든 영혼이 다 내게 속한지라 아버지의 영혼이 내게 속함같이 그의
> 아들의 영혼도 내게 속하였나니 범죄하는 그 영혼은 죽으리라"(겔18:4)

> "우리가 살아도 주를 위하여 살고 죽어도 주를 위하여 죽나니 그러므로
> 사나 죽으나 우리가 주의 것이로다"(롬14:8)

하나님은 창조주이시다. 따라서 모든 소유권은 하나님께 속한다. 이 말은 그가 원
하시는 무엇이든지 그가 원하시는 때에 모든 것을 그분의 뜻대로 할 수 있는 권한을
가진다는 뜻이다. 그것은 창조와 구속을 통해 확증되었다. 그러한 주인의 의지는 권
위가 있고 그분의 결정은 확고하다.

☞ 여러분! 착각하지 마세요.
우리에게 하나님은 관념적으로 설정된 주인이 아니다.

삶의 영성과 재정

"하나님은 모든 일을 주관하시는 주관자이시고"(대상29:11)

　"나는 가지고 있다"라는 말은 히브리어로 표현하면 *jesh li*(그건 내게 속해 있다)라는 의미가 있다. 재물도, 생명도 모두 하나님의 것이니… 지금 내가 가지고 있는 것이란 잠시 위임받아 우리에게 속해 있을 뿐, 주권의 모든 행사는 하나님의 소관이란 뜻이 함축되어 있다. 하나님은 하늘과 땅을 창조하셨을 때 "심히 좋았더라"라고 하셨기 때문에 자신이 만드신 그 어떤 것에 대해서도 소유권을 포기하지 않으셨다. 이 뜻은 앞으로도 하나님은 자신의 피조물을 포기하지 않을 것이며, 오히려 그것을 회복시킬 것이라는 창조회복의 꿈이 그분의 원대한 계획안에 담겨 있음을 표현한 것이다. 하나님의 창조에 대한 완전하신 회복계획은 "하늘에 있는 것이나 땅에 있는 것을 다 그리스도 안에서 통일되게 하려 하시는 것"(엡1:10)에서 그 사실이 확실하게 드러난다.

청지기

　"**청지기**(Steward)"란 헬라어로 오이코노모스(οἰκονόμος)인데 '집'을 의미하는 오이코스(οἶκος)와 '법'을 의미하는 노모스(νόμος)가 결합된 단어이다. 그리고 노모스(νόμος)는 '분배하다', '관리하다'는 네모(νέμω)에서 유래되었다. 그러므로 '청지기'는 집안일을 배분하고 관리하는 자라 할 수 있다. 청지기가 하는 일은 주인의 식탁에서 시중드는 일, 가정의 다른 종들에 대한 관리, 주인의 재산을 관리하는 등 여러 가지가 있다. 성경을 통해 우리는 요셉이 애굽의 총리 대신으로 있을 때 그의 집은 청지기에 의해 운영되었음을 확인할 수 있다.

　요약하면 '청지기'는 "집을 주인의 위임을 받아 보존하고 관리하고 확장시키는 다스리는 자"를 총칭한다(창43:16, 19; 44:1, 4). 그래서 바울은 하나님 나라의 청지기는 하나님의 비밀을 '맡은 자'(고전4:1)라고 하면서 이 비밀을 맡은 자들을 '때가 찬 경륜'(엡1:9), '은혜의 경륜', '비밀의 경륜'(엡3:2~9)으로 설명했다. 이 '경륜'이 곧 청지기 직인데 이를 헬라어로 오이코노미아(οἰκονομία)라 하며, 이 단어가 우리말 성경에는 '직분'(고전9:17) '경륜' '보던 일'로 번역돼 있다.

1) 청지기에게 '재물'이란

거룩하신 하나님에 의해 창조된 것은 그 어떤 것도 본질에서 악하지 않다. 창조 기사에서는 "보시기에 좋았더라"라는 언급이 반복되며(창1:10,12, 18,21,25), 창조 후에는 하나님이 창조물을 보시고 "심히 좋았더라"(창1:31)라는 언급을 다시 하셨다. 즉 창조된 처음의 피조 세계 안에는 악한 것이 없었으며 모두 선한 것들뿐이었다. 마찬가지로 재물(Wealth 히: 하일, 헬: 플로우토스)에 대한 근본적인 성경적 태도 역시 창조주 하나님의 소유적인 개념이다. "땅과 거기에 충만한 것과 세계와 그 가운데 사는 자들은 다 여호와의 것이로다"(시24:1) 하나님은 이 재물의 공급을 번영의 범위 안에서 허락하셨다. 이때 하나님 공급기준의 번영원칙은 인간의 이기적인 욕망에 의하지 않고, 하나님의 공급하심에 기준하여 우리의 필요를 충족시키시는 것이었다. 그러나 인간의 소유권 찬탈 행위는 재물에 대한 무분별한 인간의 욕망으로 나타남으로써 하나님을 외면하고 자기과시와 자만(잠28:11), 탐욕(잠28:22), 거만(잠18:10~11), 부패(잠28:6)의 원인이 되었다.

● 재물에 대한 올바른 이해

예수님께서 "재물이 있는 자는 하나님 나라에 들어가기가 심히 어렵다"(막10:23)라고 하신 평가는 어리석은 부자(눅12:13~21)를 통해 밝히셨다. 그러면서 "하늘에 둔바 다함이 없는 보물"을 예비하라고 가르치신다(눅12:33~34). 하지만 중요한 것은 예수님께서 모든 사람에게 그의 소유를 모두 버리라고 명하지 않으셨다는 것에 주목해야 한다. 특히 부자 청년을 통한 교훈은 그의 생명을 주관하는 것이 재물이었음을 아셨기에 소유적인 지배심을 버리라고 가르쳐 주신 것이다.

그러면서 가난에 대해 칭찬 또한 하지 않으셨다. 즉 자기의 마지막 동전을 바친 과부가 칭찬받은 것은 그녀의 가난 때문이 아니라 바치는 데 인색하지 아니함과 하나님에 대한 그녀의 헌신에 있었다(막12:41~44)는 사실에서 확인된다. 따라서 성경이 재물에 대해 분명하게 말씀하고 있는 것은 마땅히 생활에 필요한 것을 채우고 충족할 것을 권고하며, 아울러 재물의 위험(약5:1~6)과 부에 대한 욕망을 경계시키고 있는 것이다.

> "우리가 먹을 것과 입을 것이 있은즉 족한 줄로 알 것이니라 부하려 하
> 는 자들은 시험과 올무와 여러 가지 어리석고 해로운 욕심에 떨어지나
> 니 곧 사람으로 파멸과 멸망에 빠지게 하는 것이라 돈을 사랑함이 일만
> 악의 뿌리가 되나니 이것을 탐내는 자들은 미혹을 받아 믿음에서 떠나
> 많은 근심으로써 자기를 찔렀도다"(딤전6:8~10)

● 그리스도인의 '물질만능주의'와 '금욕주의'에 대한 태도

소유에 대한 인간의 욕망은 하나님을 떠나 욕구적 질주를 충족하는 인간의 신념이나 행동에 영향을 주는 인식체계가 되었다. 이에 따라 **물질만능주의**(mammonism) 또는 황금만능주의는 모든 관계를 돈과 연관 지어 생각하려는 행위로 나타나며, 또한 삶에 있어 최상의 행복 가치를 '돈'이라고 믿게 한다. 이러한 현상이 심화되어 돈을 숭배하고 그 외 가치를 천대하는 마음을 갖게 했다. 이렇듯 물질만능주의의 팽배는 창조의 질서를 파괴하며 인간의 존엄성, 도덕성과 윤리의식을 상실하게 만들어 사회의 준법의식들을 형식적인 가치로 전락시킨다.

반면 **금욕주의**는 설정된 어떤 대상을 포기하려는 열정으로 자칫 목적을 향하지 않는 금욕은 오히려 사람들의 삶에 피해를 주는 경우가 많다. 이는 성령으로 거듭나지 않는 자들의 삶에서 종종 나타나는 경향이 있다. 분명한 것은 물질세계에 속하는 육

체는 본질에서 악한 것이 아니므로 금욕주의는 정당화될 수 없다. 성경에서 말하는 금욕주의는 자신에 대한 과다한 소유 욕구의 권리포기를 말한다. 이는 영적 훈련의 한 수단으로서 엄격한 자기 절제를 의미하는 말로 이 용어가 인간의 삶 속에서 남용되지 않는 한, 재물이나 생활에서 금욕을 주장하지는 않고 있다. 따라서 구원과 영성 있는 삶은 물질 만능과 금욕적인 영역을 회피하지 않고 그런 것을 거룩하게 함으로써 분별한다. 예수님 역시 필요할 때 금식하는 것은 허용하셨지만(마6:16~18), 스스로 금욕주의를 실행하지는 않으셨다.

2) 예수님의 두 가지 비유

청지기 모형은 예수님의 두 가지 비유 속에서 전형적인 형태로 등장한다. 첫 번째 경우는 주인이 부재 시 주인의 가정을 관리하는 사람으로 표시되었으며, 그는 주인의 소유를 잘 관리했다는 이유로 보상을 받았다(눅12:42~44). 두 번째 경우는 주인의 재산 중 일부를 관리하다가 허비한 결과로 그 직위를 잃게 된 경우이다(눅16:1~2). 후자의 경우 이 청지기는 더 꾀를 부려 자신의 위치를 유지할 수 있었으나 예수께서 이 비유를 말씀하신 것은 부정에 의한 잘못된 이익이 아니라 신중하고 지혜로운 삶의 필요성을 말씀하신 것이다(눅16:3~8).

바울은 자신을 스스로 '청지기'라고 불렀으며 자신의 사역을 하나님의 비밀을 맡은 자(고전4:1~2)로 하나님의 은혜에 의한(엡3:2) 복음 전파의 임무를 가진(고전9:17), 교회에 하나님의 말씀을 가르치는(골1:25) '청지기 직'으로 표현했다. 그는 또한 '오이코노모스'가 뜻하는 교회를 관리하는 "하나님의 청지기"라는 의미로 '감독직'에 적용하기도 했다(딛1:7). 베드로 사도 역시 벧전4:10에서 모든 그리스도인을 하나님의 각양 은혜를 맡은 '청지기'로 표현하고 있다.

● 지금 우리가 주님 앞에 선다면

살다 보면 이런저런 모임을 통해 오랜만에 옛 친구들을 만나는 경우가 있다. 서로의 변화된 모습을 바라보며 '그동안 어떻게 지냈니?' 또는 어떤 친구로부터는 '너는 참 얼굴이 편해 보여. 참 잘 살아온 것 같네!'라며 부러운 듯 안부 인사를 나눈 경험을 한다. 그렇다면 우리 그리스도인들이 지금 당장 주님 앞에 서게 된다면 주님으로부터는 어떤 평가를 들을 수 있을까?

오늘날 많은 그리스도인들은 두 주인을 모시고 살아간다. 월요일부터 토요일까지는 맘몬의 지배를 받으며 살아가고, 주일에는 말씀 안에서 거룩하게 살려고 애쓴다. 맘몬은 세상이 고향이라고 가르친다. 열심히 일하고 수고하는 이유는 이 땅에서 오랫동안 마음껏 누리기 위함이며 자신이 원하는 대로 최고와 최상으로 즐겨야 한다고 유혹한다. 따라서 사람들은 '성공했다'라는 평가와 함께 자신의 '만족'을 위해 전력 질주한다. 세상이 존재하는 이유는 오직 자신의 만족을 얻기 위해서라는 생각을 갖게 한다. 심지어 하나님도 자신이 원할 때마다 나타나셔서 필요를 공급하시고, 일이 잘 풀릴 때는 자신을 간섭해서는 안 되는 존재로 만들어 버렸다. 우리의 삶과 신앙 또한 하나님이 기뻐하시는 예배가 아니라 우리가 편리한 대로 정의해 버린 종교가 되어 버린 지 오래다. 행여 우리는 지금 "의에 주리고 목이 마르니 내 영혼을 채워 주소서"라고 찬양하면서도 내심 "돈에 주리고 목이 마르니 지갑을 채워 주소서"라고 부르짖고 있지는 않은가?

하나님은 선택하신 청지기에게 재물과 소유물에 대한 재정적인 결정과 권위를 위임하셨다. 그리고 청지기로 부르심을 받은 우리가 언젠가 주님 앞에 서게 될 때, 자신에게 위임된 시간과 재물 그리고 다양한 달란트를 어떻게 관리하고 경영하였는지 반드시 결산하게 된다. 그 의미는 이 땅에서 신실한 청지기의 삶이 곧 최고의 예배행위이며, 우리로 하여금 청지기로 선택받은 존재의 목적이 되게 하셨다는 뜻이다. 이를 위해 하나님은 청지기에 대한 구체적인 기대와 그에 따른 보상계획을 세우셨다.

그것은 다름이 아닌 충성되게 일한 청지기에게 향하신 하늘나라에 대한 상급 약속이다. 이때 분명한 것은 하나님은 그분의 지시에 반하는 어떤 것과도 타협하지 않으신다는 것이며, 따라서 우리의 게으름과 포기로 인한 어떠한 핑계도 허용하지 않으실 것이다.

우리가 하나님 앞에 서는 날, 충직한 청지기 직을 잘 감당한 자에게는 즐거이 부르며 기뻐하실 것이지만 주인에게 충성되지 못한 자에게는 어떤 보상이든지 취소할 것이고, 잘못된 청지기 직을 수행한 자들을 징계할 것이다. 그러므로 그리스도의 삶을 살아가는 우리의 모습은 일상의 생각과 행위 그 자체가 그리스도와 일치하는 모습으로 나타나야 한다. 하나님의 청지기로 충직히 살았더니 그리스도의 심판대(고후5:10)에선 우리에게 **'너 참 잘 살았네'** 하는 소리를 예수님으로부터 듣는다면 얼마나 행복할까?

자! 이만하면 우리의 삶이 부끄러운 구원이 되지 않도록 해야 하지 않을까?

☞ **이 땅에서 우리가 소유할 수 있는 것은 아무것도 없다. 우리는 하나님 앞에서 단지 "청지기일 뿐"이다.**

청지기 직 묵상하기

1. 내게 있는 모든 것이 하나님의 소유권임을 인정하기

2. 내 것이 아닙니다. 우리는 단지 청지기일 뿐임을 인정하기

3. 하나님의 주권에 순종하는 훈련하기

4. 우리는 주님의 심판대 앞에서 결산해야 하는 청지기임을 묵상

 **질문을 통한 나눔**

1. 하나님은 우리에게 어떤 분이십니까?

    · 마6:24

    · 고전8:6

2. 우리는 주님 앞에 어떤 존재입니까?

    · 롬14:8

    · 창1:28

3. 재물은 우리에게 어떻게 다가와 있습니까? 아래 두 말씀을 가지고 나누어 보세요.

    · 눅12:13~21

    · 눅12:33~34

4. 예수님의 두 가지 비유를 가지고 자신의 삶을 나눠 보세요.

   · 눅12:42~44

   · 눅16:1~2

5. 사도바울은 청지기 비밀을 어떻게 말하고 있습니까?

   · 고전4:1~2

   · 고전9:17

   · 골1:25

   · 딛1:7

6. 지금 우리가 주님 앞에 선다면 어떤 모습일까요? 주인일까? 청지기일까?

7. 청지기의 삶을 결단한다면 먼저 고쳐 나가야 할 것들은 무엇이 있을까요?

5주차

영원의 관점으로

◆ 목표

천국은 어떤 곳인가? 그곳에서 우리는 무엇을 할 것인가? 분명 천국은 우리에게 흥분된 곳임에도 불구하고 현실에서는 너무나 막연하게 느껴지는 곳이기도 하다. 놀라운 것은 영원한 본향에 대해 구체적으로 생각하는 그리스도인들이 그다지 많지 않다는 사실이다. 그 이유는 무엇일까? 우리 대부분은 천국 신앙에 약하고 이 땅의 삶에 더 집착함으로 우리의 마음을 그곳에 둘 수가 없기 때문이 아닐까 싶다. 따라서 오늘의 우리 삶이 왜 영원의 관점으로 살아야 하는지를 깨닫는 것은 그리스도인에게 삶의 올바른 방향을 제시해 주는 중요한 시금석이 된다.

◆ 암송 구절

"육체의 연단은 약간의 유익이 있으나 경건은 범사에 유익하니 금생과
내생에 약속이 있느니라. 이것이 장래에 자기를 위하여 좋은 터를 쌓아

참된 생명을 취하는 것이니라"(딤전4:8, 6:19)

◆ 길라잡이

신자와 불신자를 막론하고 이 땅에서 삶이 다했을 때 하나님의 심판을 피할 수 있는 사람은 아무도 없다. 이와 관련하여 성경에서 불신자는 "크고 흰 보좌"(계20:11) 앞의 심판대에 서게 되고, 신자는 "그리스도의 심판대"(고후5:10)로 불리는 결산대 앞에 서게 됨을 기록하고 있다. 그런데도 영원한 나라에 대한 그리스도인들의 생각을 들어 보면 대부분 물리적인 존재는 무시된 채 —그것 또한 확신하지 못한 채— 영적 상태의 자신을 추상적으로 그리는 데 머문다. 이러한 문제는 오늘 우리 교회와 그리스도인들이 안고 있는 매우 중요한 딜레마이기도 하다. 성경은 사실 돈과 소유에 관한 내용보다 더 많은 부분에 걸쳐 하늘나라에 관한 말씀으로 가득 차 있다. 그런데 왜 우리는 영원한 그 나라에 대한 목표 지점에 인생의 푯대를 세우는 것을 주저하고 있을까? 이에 대해 C.S. 루이스는 "오늘날 그리스도인들이 무기력하고 내세에 집착하는 이유는 천국에 관한 생각을 중단했기 때문이다."라고 정의했다. 성경은 믿음의 선진들이 천국에 소망을 두었기에 이 땅에서 영원의 관점으로 충실하게 살았다는 증거들을 기록하고 있다. 우리가 천국이라는 본향을 믿음으로 바라볼 수 있다면 이 땅에서 제한된 시간을 어떻게 살아야 하는지를 영원의 관점에서 지혜롭게 바라볼 수 있지 않을까?

◆ 들어가는 길목에서

1. 영원한 나라(천국)에 대해 구체적으로 생각해 본 적이 있습니까?

2. 천국은 여러분에게 어떤 곳이라 생각합니까?

3. 우리에게 죽음과 심판이 불편한 진리가 된 이유가 무엇일까요?

4. 구원과 상급에 대해 깊이 생각해 본 적이 있습니까?

5. 이 땅에서의 삶이 한 달만 남아 있다면 어떻게 정리해 보겠습니까?

영원에 관한 소망의 이유를 말할 수 있는가?

"너희는 마음에 근심하지 말라 하나님을 믿으니 또 나를 믿으라 내 아버지 집에 거할 곳이 많도다 그렇지 않으면 너희에게 일렀으리라 내가 너희를 위하여 거처를 예비하러 가노니 가서 너희를 위하여 거처를 예비하면 내가 다시 와서 너희를 내게로 영접하여 나 있는 곳에 너희도 있게 하리라"(요14:1~3)

1) 그리스도를 사모하는 것은 천국을 사모하는 것

사도바울은 "사람이 이 땅에서 할 수 있는 모든 것을 시험해 보라"라고 했다. 즉 최선의 지식과 사고와 판단을 동원하여 하나님의 방향으로 생각해보고 깨달아 범사에 좋은 것을 취하여 실천하라고 권면하고 있는 것이다(살전5:21). 렌디 알콘은 그의 책 『Heaven』에서 "우리에게 천국은 흥분된 진리임에도 불구하고 이상하게 무시되고 있는 진리"로 생각하고 있다면서 안타까운 심정을 토로하고 있다. 우리의 믿음이 이 땅에 착지하여 내세에 대한 소망으로 연결되어 있지 않음을 지적하고 있는 말이다. 그러면서 그는 "그리스도를 사모하는 것은 천국을 사모하는 것인데, 그리스도가 준비하시는 천국에 우리의 눈을 고정하지 않는다는 것은 그리스도께 눈을 집중하지 않고 있다는 말과 같다"라고 했다. 예수 그리스도를 아는 데 게을리하면 우리의 마음은 잡초밭일 뿐이다. 이 말은 다르게 표현하면 예수 그리스도가 없으면 우리에게 영원의 관점으로 살아가야 할 이유가 없어진다는 의미이다.

> "그러므로 너희가 그리스도와 함께 다시 살리심을 받았으면 위의 것을
> 찾으라 거기는 그리스도께서 하나님 우편에 앉아 계시느니라"(골3:1)

● 우리는 지금 "너희 속에 있는 소망에 관한 이유"(벧전3:15)를 묻는 말에 어떻게 대답할 준비가 되어 있는가?

이 말씀은 영원을 확신하는 소망에 관해 어떻게 대답할 것인가를 요청한다. 지금 여러분에게 구원에 대한 확신과 천국에 대한 자신의 청사진을 질문하면 어떻게 대답하겠는가? 아마 구원의 확신이 관념적 신앙으로 자리 잡고 있음을 발견하게 되고 영원한 본향에 대한 그림 역시 막연하게 그리고 있음을 확인하게 될 것이다. 이것은 우리의 믿음이 이 땅에 집중되어 내세에 대한 확신이 없는 데서 비롯된 것일 수 있다. 다시 말해 우리의 신앙이 내세의 끈은 잡되 금생의 기복적인 복에 초점이 맞추어져 있음을 시인한 것이다. 근원적으로 이 땅에서 우리 삶의 목적이 우리를 향하신 하나님 뜻과 계획에 어긋나 있음을 뜻한다. 그렇다. 구원이 관념적이면 영원에 대한 소망은 피상적일 수밖에 없으며, 예수 그리스도는 영적 조언자 정도로 여기게 된다. 이에 예수님은 영원에 대한 영혼 회복을 위해 다음과 같이 날카로운 말씀으로 책망하셨다는 점을 기억하라.

삶의 영성과 재정

"내가 세상에 화평을 주러 온 줄로 생각하지 말라. 화평이 아니라 검을 주러 왔노라"(마10:34)

"너희는 가서 내가 긍휼을 원하고 제사를 원하지 아니하노라 하신 뜻이 무엇인지 배우라 나는 의인을 부르러 온 것이 아니요 죄인을 부르러 왔노라 하시니라"(마9:13)

"내가 불을 땅에 던지러 왔노니 이 불이 이미 붙었으면 내가 무엇을 원하리요"(눅12:49)

"내가 세상에 화평을 주려고 온줄 아느냐 내가 너희에게 이르노니 아니라 도리어 분쟁하게 하려 함이로다"(눅12:51)

그러나 낙심하지 말라. 이 구절들은 이 땅의 편안을 그리스도의 평안(화평)으로 회복시키려 하신 말씀이다. 예수님은 영원을 향한 참된 해방과 자유를 새롭게 하시기 위해 죄의 보편적 문화를 '파괴'하러 오신 분이다. 그러므로 우리 안에 있는 죄성을 파멸하기 위한 예수의 검은 시련을 동반한 아픔이 따르며 또한 종종 우리의 기도를 응답해 주지도 않으신다. 이는 우리 안에 온전한 그리스도의 성품이 성장하도록 하기 위함이다. 이렇듯 우리를 향하신 예수 그리스도 구속의 의미는 하나님의 창조목적이셨던 죄 이전의 상태로 —"에덴동산 중앙에 두사 그것을 다스리며 지키게 하시고"(창2:6)— 회복시키기 위함이다. 따라서 이 땅은 그것을 향한 훈련장이며 우리에게 영원한 나라에서 해야 할 역할을 미리 이 땅에서 삶의 모본으로 훈련하라는 전장(선을 향한 싸움터)이다.

"또 내가 들으니 하늘에서 음성이 나서 이르되 기록하라 지금 이후로 주 안에서 죽은 자들은 복이 있도다 하시매 성령이 이르시되 그러하다

그들이 수고를 그치고 쉬리니 이는 그들의 행한 일이 따름(따라온다)이라

하시더라"(계14:13)

렌디 알콘은 "땅에서의 의의 행실은 망각 되지 않고 천국에까지 우리를 따라온다"라고 하면서 "천국에서 부여받은 권위와 보화는 우리의 삶이 땅에서 어떠했는지 영원히 보여준다"라고 했다. 이는 땅에서 행한 대로 하늘의 상급이 주어짐을 뜻한다.

2) 그리스도인의 정체성

이 땅에서의 삶은 그리스도인으로서 정체성과 깊이 연관되어 있다.

"만일 너희 속에 하나님의 영이 거하시면 너희가 육신에 있지 않고 영
에 있나니 누구든지 그리스도의 영이 없으면 그리스도의 사람이 아니
라"(롬8:9)

성경의 수많은 계시는 천국, 지옥, 십자가, 구속, 거듭남, 부활, 거룩의 재발견, 영원성 등을 통하여 영원한 나라에 관한 실제적인 내용을 선포하고 있다. 그런데도 그리스도인들이 영원에 대해 저항감 또는 관념적으로 생각하는 이유는 무엇인가? 또한 사도신경의 "몸의 부활과 영생을 믿습니다"라는 구절에 관해 "확신하느냐?" 질문하면 '아멘' 하며 그냥 가볍게 지나치는 이유는 무엇인가? 직설적으로 그리스도인 대부분은 천국에 대해 진지하게 생각해 본 적이 없다고 말한다. 그러나 성경은 분명히 천국을 도시, 성, 나라 등으로 표현하고 있다(히11:10). 그리고 우리의 몸 또한 새로운 영과 육의 부활을 계시하고 있다. "육의 몸으로 심고 신령한 몸으로 다시 사나니 육의 몸이 있은즉 또 신령한 몸도 있느니라"(고전15:44) 여러분은 아는가? 우리가 영과 육의 부활에 대한 올바른 성경적 관점을 가지지 못하면 하나님을 향한 바른 방향을 찾지 못한다는

삶의 영성과 재정

사실을….

> "만일 그리스도 안에서 우리가 바라는 것이 다만 이 세상의 삶뿐이면
> 모든 사람 가운데 우리가 더욱 불쌍한 자이리라"(고전15:19)

성경은 이 땅에서 재물을 비롯한 삶에 관한 영적 상태를 부자 청년과 삭개오(눅18장, 19장), 가난한 과부(막12:35~44), 어리석은 부자(눅12:16~21), 탕자의 비유(눅15:11~14) 등의 인물 묘사를 통해 정확히 예시해 주고 있다. 이와 관련하여 베드로는 우리 몸은 이 땅에서 영원을 준비하며 일시적으로 거하는 '장막'이라고 말한다.

> "내가 이 장막에 있을 동안에 너희를 일깨워 생각나게 함이 옳은 줄로
> 여기노니"(벧후1:13)

우리의 신앙이 영원에 대한 소망으로 연결되어 있지 않은 세상은 하나님의 뜻과 상관없는 인간 자아실현의 욕구가 경쟁적으로 진행되는 삶의 현장일 뿐이다. 즉 세상에서 죄(罪)의 유혹은 흥분되고, 하나님 나라를 세우는 의(義)는 지루하다고 생각하게 하는 것이, 이 땅에서 우리를 유혹하는 사탄의 전략이다. 반면 우리가 하나님을 "아는 것"(요17:3)은 세상 것을 쫓는 것이 아니라 그분의 말씀과 뜻에 순종하는 것이다. 이는 하나님에 대한 지식과 정보를 아무리 많이 가지고 있다 하더라도 그 뜻에 순종하며 살지 않으면 그분을 진정 아는 것이 아니라는 의미를 함축하고 있다.

● 삶의 근본은 영원을 향한 순종과 믿음의 행함

또한 야고보 사도가 말하는 '행함이 있는 믿음'(약2:14~26)은 자가적인 삶이 그 바탕이 된다는 뜻이 아니라 이 땅에서의 삶은 영원에 대한 순종과 믿음의 바탕에서 비롯됨을 전하고 있다. 그리스도인의 진정한 삶의 진보는 하나님의 뜻에 합당하고 그분께로 되

돌아가기 위해 이 땅에서 행하여야 하는 선한 행위를 본질로 하고 있다는 말이다. 그러므로 하나님이 주인이라고 하면서 재물을 비롯한 자신에게 위임된 모든 것을 주인처럼 행사하는 것은 그가 아무리 성경에 뛰어나고 이론적 깊이를 가진다고 해도 주님은 '아니다'라고 할 것이다. 이제 여러분은 이 땅에서 어떻게 살아야 하는지를 이해했을 것이다. 이 땅에서 삶은 영원한 나라의 상급을 바라보는 순종과 믿음의 행함을 목적으로 해야 한다는 사실을….

> "하나님이 모든 것을 지으시되 때를 따라 아름답게 하셨고 또 사람들에
> 게는 영원을 사모하는 마음을 주셨느니라 그러나 하나님이 하시는 일
> 의 시종을 사람으로 측량할 수 없게 하셨도다"(전3:11)

즉 영원을 향한 우리의 삶은 하나님의 섭리 —허용하신 환경의 제반적인 상황— 가운데 하나님의 자명하신 뜻 —하나님이 작정하신 오류 없는 선한 방향과 결과의 이끄심— 을 발견하고 그 길을 순종과 믿음으로 나아가야 한다는 것이다.

3) 순례자의 정신

심령이 가난할 때 '영원의 관점에서 청지기의 삶'이 시작된다. 이 마음을 가진 사람은 천국을 향한 순례자의 자세를 가지고 하나님 앞에서 영과 진리로 섬긴다. 그런 면에서 산상수훈 말씀은 물질만능주의 삶을 살아가는 사람들에게 '영적 폭약'이다. 성령 역사의 여부는 우리의 순종하는 자세에 달려 있다. 성령의 역사는 우리의 본성을 주님 앞에 순전히 맡길 때 시작된다. 세상의 종교는 자기 존재에 대한 사색에 골몰하는 반면, 기독교는 하나님의 섭리 안에서 그의 작정하신 뜻에 순종하는 믿음으로 살며 삶의 순종은 그에 따른 믿음을 확장한다. 만일 우리가 하나님이 원하시는 것에 집중하면 '성결'해지고 그것은 성화의 길을 걷게 한다. 그러므로 하나님으로부터 '선택'받

은 그리스도인들에게 삶의 '집중'은 온전히 마음을 모아 하나님이 원하시는 것에 초점을 맞춘다.

● 본향에 대한 목적지를 의식하며 살라

우리는 언젠가 천국에 불려가게 된다. 따라서 삶의 집중이 하나님을 향해 있는 순례자는 자신의 시민권이 천국에 있고, 이 땅에 있지 않음을 결단하는 사람이다(빌3:20). 하나님은 이 땅에서 우리에게 일과 가족, 특히 '그리스도의 사신'으로 주님을 위해 일해야 하는(고후5:20) 많은 책임과 소명을 맡기셨다. 우리가 세상에 살면서도 영원을 의식하며 부지런히 천국에서의 삶을 준비해야 하는 것은 순례자의 기본자세이다. 이와 관련하여 시편 기자는 "주의 궁정에서 한 날이 다른 곳에서 천 날보다 나은즉 악인의 장막에 거함보다 내 하나님 문지기로 있는 것이 좋사오니"(시84:10)라고 고백하지 않던가? 그러므로 순례자는 세상의 유산에 크게 관심을 가지지 않는다. 그 이유는 하나님이 우리의 유산이기 때문이다(신18:1~2). 영원한 본향(천국)을 의식하며 산다는 것은 곧 그날이 바로 **'지금'**이라는 생각으로 하루하루를 믿음으로 살아가는 것을 의미한다.

부활 신앙

'부활'은 죽은 자가 새 생명을 얻어 다시 살아나는 것을 말한다. 성경은 역사의 종말에 전 역사에 걸쳐 살았던 자들이 죽음에서 다시 살아난 것을 가리켜 '부활'이라고 말하는데, 이때 부활의 개념은 육체를 무조건 죄악시하는 빗나간 신비주의적 사고방식들을 배척하고 육체에 대해 긍정적으로 본다. 그리고 육체의 부활은 그리스도인들만 아니라 불의한 자들도 동일하게 적용된다. 그러나 부활한 후에 그리스도인들은 천국의 축복을 영원히 누리지만 불신자들은 영원히 지옥에서 징벌을 받게 되는 것이 다를

뿐이다.

> "이를 놀랍게 여기지 말라 무덤 속에 있는 자가 다 그의 음성을 들을 때
> 가 오나니 선한 일을 행한 자는 생명의 부활로 악한 일을 행한 자는 심
> 판의 부활로 나오리라"(요5:28~29)

1) 믿는 자들에 대한 약속

우리의 영생에 대한 소망은 결과적으로 부활에 대한 소망과 일치한다.

> "주의 죽은 자들은 살아나고 그들의 시체들은 일어나리이다 티끌에 누
> 운 자들아 너희는 깨어 노래하라 주의 이슬은 빛난 이슬이니 땅이 죽은
> 자들을 내놓으리로다"(사26:19)

이 외에도 부활에 관한 구절들은 욥기19:25~26, 에스겔37장, 다니엘12:2 등에서 기록하고 있다. 인류의 부활에 대한 그리스도인들의 생명은 하나님께 속한 것이며 인간은 궁극적으로 부활을 소망하는 존재라는 가르침을 이미 성경 속에 실제로 일어났던 그리스도의 부활하심에서 그 근거를 두고 있다. 사도바울은 부활에 관해 죄와 사망의 굴레로부터 해방과 구원이며 영원한 삶에 대한 준비이며 만물을 다스리시는 그리스도의 승리에 대한 증거라고 말한다(롬8:19~23; 고전15:23~28).

또 사도 요한 역시 순교자들이 다시 살아나서 그리스도와 함께 천 년 동안 왕 노릇할 것(계20:4~6)과 그 후에 선한 자나 악한 자나 모두 다시 살아나 자기 행위가 기록한 대로 심판을 받게 될 것(계20:11~15)이라고 했다. 이처럼 영원한 생명은 하나님께서 생명을 주어 그 속에 있게 하신 하나님의 아들 예수 그리스도로 말미암아 세상에 명백히 나타나게 되었다(요5:26; 요일1:2). 이때 영원한 생명은 하나님으로부터 권세를 받은 그

리스도를 통하여(요17:2; 행13:48) 수여되는 선물이다. 즉 새로운 피조물로서 누리는 생명은 그리스도를 통하여 회복된 생명이다. 그러므로 영생을 누리는 것은 곧 하나님의 성품에 참여하는 것이며(벧후1:4), 썩지 않고 더럽지 않고 쇠하지 아니하는 기업을 물려받는 것이요(벧전1:4), 이 땅에 속한 아담의 형상을 버리고 예수 그리스도의 형상(고전15:49)을 덧입는 것이다.

2) 그리스도 부활의 의미

'영생'은 단순히 지금의 생명을 연장한다는 의미가 아니며 또한 지금의 생명과 관련이 없는 미래의 소망만을 의미하는 것도 아니다. 이러한 차원에서 구원은 현재의 성령 안에서 새 생명의 삶을 사는 것을 의미하며, 장래에도 다시 살아날 부활의 몸으로 새 생명의 삶을 살 것을 의미한다(롬8:9~11). 따라서 바울은 성령에 의해 시작된 성화의 마지막이 '영생'이라고 말한다(롬6:22). 예수님께서도 "내 살을 먹고 내 피를 마시는 자는 영생을 가졌고 마지막 날에 내가 그를 다시 살리리니"(요6:54)라고 하셨다. 즉 영생은 구원의 확신을 가진 자와 그리스도 사이의 상호 관계적 의미가 있다.

이러한 부활은 '영'과 '육'이 함께 누리는 축복이다. 예수님께서 성만찬에서 육체적인 것(살과 피)을 언급하신 이유도 영혼뿐만 아니라 육신까지도 불멸한다는 것을 암시하고 있다. 이 불멸에 대한 예수님의 말씀은 그리스도의 영광에 참여하기 위한 영혼과 육신의 부활(타락 이전의 상태로 생령 회복)에 대한 약속이다. 즉 예수 그리스도의 부활은 앞으로 일어날 성도들의 부활에 대한 모델이며(빌3:21), 성도들의 부활에 대한 보증(고전15:17~20; 살전4:14~16)이라고 기록하면서 장차 있을 인류의 부활이 이미 일어났던 그리스도의 부활과 밀접한 관련이 있다고 밝힌다. 그러므로 그리스도의 십자가에 돌아가심과 함께 그리스도의 부활하심은 신자의 구원에 가장 중요한 근거가 된다(롬4:25; 벧전3:21). 예수님의 부활하신 육체는 다른 사람들과 조금도 다를 바가 없다는 것을 보여 주심으로 영과 육의 부활을 증거 하셨다(눅24:36~43; 고전15:5~7). 이처럼 성경은 육체와 영혼을 하나로 보며 부활은 영혼과 육체가 다시 회복되어 완전하게 되는 재창조로 본다.

● 부활한 우리의 몸은 어떤 모습일까?

> "사랑하는 자들아 우리가 지금은 하나님의 자녀라 장래에 어떻게 될지
> 는 아직 나타나지 아니하였으나 그가 나타나시면 우리가 그와 같은 줄
> 을 아는 것은 그의 참모습 그대로 볼 것이기 때문이니"(요일3:2)

부활하신 예수님의 육체는 우리가 지니게 될 새 육체의 원형(금형)이다. 그렇다면 부활 후 우리의 육체는 구체적으로 어떤 특성을 띠게 될까? 부활한 우리의 육체는 물리적인 특성을 띨 것이지만(고전15:1~19), 우리는 현재의 육체와는 다른 육체를 지니게 될 것임을 성경은 분명하게 전하고 있다.

> "죽은 자의 부활도 그와 같으니 썩을 것으로 심고 썩지 아니할 것으로
> 다시 살아나며 욕된 것으로 심고 영광스러운 것으로 다시 살아나며 약
> 한 것으로 심고 강한 것으로 다시 살아나며 육의 몸으로 심고 신령한 몸
> 으로 다시 살아나나니 육의 몸이 있은즉 또 영의 몸도 있느니라"(고전
> 15:42~44)

이에 관해 로버트 제프리스는 그의 책『천국, 그 모든 것』에서 "육의 몸과 영의 몸에서 '몸'은 헬라어 '소마'로 물리적인 육체를 가리킨다. 따라서 '영의 몸'이란 부활한 우리의 육체가 현재의 육체와 같은 물리적인 육체라는 뜻이다. 하지만 땅의 육체(몸의 육체)와는 다른 특성을 보인다"라고 기술하고 있다.

삶의 영성과 재정

▷ 땅의 육체는 썩지만, 하늘의 육체는 영원하다.

▷ 땅의 육체는 죄에 오염되었지만, 하늘의 육체는 죄에서 벗어난다.

▷ 땅의 육체는 약하지만, 하늘의 육체는 강하다.

▷ 땅의 육체는 옛 땅을, 하늘의 육체는 새 땅을 위한 것이다.

천국(Heaven)

1) 천국은 왜 불편한 진리가 되었는가?

그리스도인들에게서 발견하는 놀라운 사실 중의 하나는 마치 영혼이 없는 것처럼, 혹은 이 땅에서의 삶이 영원한 삶과는 아무 상관이 없는 것처럼, 습관적으로 생각하고 행동한다는 것이다. 최근에 천국과 지옥에 대한 설교를 들은 적이 있는가? 기억나는 것이 없다면 '전하는 자'와 '듣는 자' 모두가 천국이나 지옥이란 단어를 무겁고 무서운 주제라고 여겨 언급하는 것조차 부담스러워하는 것은 아닐까? 그래서 언제일지 모르는 미래보다는 현실의 세계에 집중하는 것은 당연한지도 모른다. 이처럼 우리는 대부분 천국 신앙에 약하기 때문에 우리의 마음을 천국에 둘 수가 없다. 다시 말해 지금 우리의 신앙은 이 땅에서 국한되어 있어 내세에 대한 소망으로 연결되어 있지 않다는 것이다. 그런데 성경에서 "그곳은 부활한 우주로서 부활한 성도들이 부활하신 예수님과 함께 살게 될 곳이다"(계21:1~4)라고 진지하게 계시하고 있다.

이에 전도서 기자는

"바람을 주장하여 바람을 움직이게 할 사람도 없고 죽는 날을 주장할

사람도 없으며 전쟁할 때를 모면할 사람도 없으니 악이 그의 주민들을
건져낼 수는 없느니라"(전8:8)

라고 말하고 있다. 우리가 죽는다는 사실을 피할 수 없는 것은 죽음으로부터 도망
치고 죽음을 부인하려고 애를 쓴다 하더라도 그 시기는 하나님의 소관하에 있음을 확
인해 주고 있는 말씀이다.

"풀이 마르고 꽃이 시듦은 여호와의 기운이 그 위에 붊이라 이 백성은
실로 풀이로다"(사40:7)

참 그리스도인들이라면 죽음에 대해 생각할 때마다 죽음은 오히려 영원을 향한 준
비할 기회를 준다고 확신할 수 있어야 한다. 즉 인생의 가장 확실한 것이 죽음이지만
끝은 결코 아니며 영원을 향한 출발점이라는 사실이다. 그러나 영원을 준비하지 않고
이 땅에만 소망을 두고 여기에 자신의 전부를 쏟아부은 인생은 허망한 삶이라는 사실
을 깨닫게 한다. 이제 우리가 이 땅에서 주인 되신 주님이 주신 시간, 재물, 건강, 달란
트 등을 어떻게 사용했는지에 따라 영원의 운명이 결정된다고 확신한다면 이것이 돈
과 소유, 지식과 시간 그리고 권력과 명예를 향한 우리의 태도에 어떤 영향을 줄 것인
가는 더욱 분명해진다.

"그러나 주의 날이 도둑같이 오리니 그날에는 하늘이 큰 소리로 떠나가
고 물질이 뜨거운 불에 풀어지고 땅과 그중에 있는 모든 일이 드러나리
로다 이 모든 것이 이렇게 풀어지리니 너희가 어떠한 사람이 되어야 마
땅하냐 거룩한 행실과 경건함으로 하나님의 날이 임하기를 바라보고
간절히 사모하라 그 날에 하늘이 불에 타서 풀어지고 물질이 뜨거운 불
에 녹아지려니와 우리는 그의 약속대로 의가 있는 곳인 새 하늘과 새 땅

삶의 영성과 재정

을 바라보도다"(벧후3:10~13)

2) 천국은 어떤 곳인가?

"내 아버지 집에 거할 곳이 많도다 그렇지 않으면 너희에게 일렀으리라 내가 너희를 위하여 처소를 예비하러 가노니 가서 너희를 위하여 처소를 예비하면 내가 다시 와서 너희를 내게로 영접하여 나 있는 곳이 너희도 있게 하리라"(요14:2~3)

● 천국은 현실이다

천국은 '하나님의 처소'라는 가장 기본적인 정의에 동의하는가? 예수님이 제자들에게 "내 아버지 집에 '거할 곳'이 많도다"(요14:2)라고 말씀하셨다. "거할 곳"으로 번역된 헬라어 '모네'는 '거주지, 숙박소, 집'으로 모두 물리적인 현실을 묘사하고 있다. 그리고 그곳은 유일한 영생이신 예수 그리스도를 통해서 간다. "내가 곧 길이요 진리여 생명이니 나로 말미암지 않고는 아버지께로 올 자가 없느니라"(요14:6) 또 그곳은 구원받은 자들이 부활하신 예수님처럼 새 육체와 죄 없는 영혼을 지니고 거할 물리적인 집이 존재하는 곳이다(계21장).

● 천국에서 '무엇을' 할 것인가?

'창조'는 하나님의 **'일'**이셨다. 그리고 지금도 하나님은 창조회복을 위해 일을 하고 계신다. 그러므로 하나님께서 우리를 아무 일도 하지 않는 존재로 창조하셨다는 인식은 일의 개념을 잘못 받아들이는 이유가 된다. 하나님은 아담을 창조하시고 그에게 죄가 들어가기 전부터 경작자로 일의 책임을 맡기셨다. 따라서 천국에서의 삶은 현재 삶의 연장이기 때문에 그곳에서도 계속 일하는 것이 하나님의 뜻과 계획이다. 천국에서는 아무 일도 하지 않는 것이라는 생각은 우리를 위한 하나님의 기본계획에 역행한다.

하지만 그곳에서의 일은 이 땅에서 죄로 인해 감당해야 했던 수고와 피로, 불편한 인간관계, 각종 규제와 파괴적인 삶이 아니라 죄의 저주가 없으므로 일은 항상 활력이 넘치게 할 것이다. 즉 에덴동산의 삶이 천국 삶의 예시가 된다면 그와 똑같이 창조의 세계를 지속적으로 발견하며 경작하고 발전시키는 활동을 기대할 수 있는 것이다. 하나님은 태초에 자연을 창조하면서 '심히 보기에 좋았더라' 하셨기 때문에 우리를 통한 창조자와 경작자의 역할은 그곳에서도 여전히 계속될 것이다.

☞ **그렇다면 이제 우리는 천국에서 하고 싶은 일을 이 땅에서 준비해야 하지 않을까?**

3) 죽음과 심판

하나님은 우리를 금생에서 해방하여 우리의 마음을 저편 너머에 두기 위해 이별과 다가오는 죽음을 사용하신다. 그렇다면 우리의 기억력이 가장 분명할 때가 언제인지 아는가? 그것은 하나님 앞에 결산할 때일 것이다. 그렇다. 우리가 이 땅에서 사용한 재물을 비롯한 지식, 시간, 다양한 달란트 등의 영수증을 보면 여러분이 어떤 삶을 살았는지 알 수 있다. 따라서 재물을 얻는 것과 잃는 것보다, 더욱 중요한 것은 우리의 삶이 전적으로 인생을 주관하시는 하나님의 손안에 있다는 사실을 깨닫는 것은 우리를 안도감과 함께 기쁨이 가득한 삶으로 안내한다.

> "악인들은 풀같이 자라고 악을 행하는 자들은 다 흥왕할지라도 영원히
> 멸망하리이다"(시92:7)

영원에 대한 청사진을 명확히 그리지 못한 상태에서의 신앙생활은 현실 세계에 집착할 수밖에 없게 만든다. 이는 많은 그리스도인들이 천국과 지옥, 그리고 십자가와 심판이라는 기독교의 핵심 가치들을 축복신앙으로 대체한 것에 따른 영원을 향한 방

삶의 영성과 재정

향성 상실 때문이다. 그런데 성경은 영원한 심판에 관해 선한 일을 행한 자는 '생명의 부활'로, 악한 일을 행한 자는 '심판의 부활'로 분류하겠다고 분명하게 계시하고 있다 (요5:29). 이 외에도 '심판'에 관해 성경은 다음과 같이 기록하고 있다(히9:27; 벧전4:5; 히4:13; 마12:36; 전12:14; 고전4:5).

> "네가 말하기를 나는 부자라 부요하여 부족한 것이 없다 하나 네 곤고
> 한 것과 가련한 것과 가난한 것과 눈먼 것과 벌거벗은 것을 알지 못하도
> 다"(계3:17)

무엇을 질타하는 말씀인가? 오늘날 교회나 그리스도인이면서도 세상적인 사고와 삶의 습관을 향유 하고픈 가진 자들의 교만한 모습, 그러나 영적인 천국 결산에서는 이들이 가장 가난한 자들을 지칭하고 있다는 주님의 경고 말씀이다. 모든 믿는 자들은 주님 앞에 각자의 삶에 대한 결산보고를 하여야 한다(롬14:10~12). 이에 관해 모든 믿는 자들은 '믿음'(구원)이 아닌 자신의 '행위'(상급)로 결산을 받을 것이라고 주님은 말씀하셨다(잠24:12; 전12:14). 그리고 이 심판의 결과는 영원한 상급이 된다(고전3:12~15; 고후 5:9~10).

4) 구원과 상급

그리스도인에게 **'구원'**이란 하나님 창조회복의 작정하심 안에서 예수 그리스도의 죽음과 부활을 통하여 우리를 죄와 죽음에서 구속해 내었음을 뜻한다. 이 구원은 하나님의 긍휼하심과 그리스도의 사랑으로 값없이 주신 은혜이다. 그런데 값없이 은혜로 주어진 구원이라 너무 가치 없이 받아들이는 것은 오늘날 '구원 이후에 잠든 영혼으로 살아가는 교회와 그리스도인들이 얼마나 많은가'를 직시하게 하는 현주소이다.

● '구원'은 삶으로 나타내는 수고

"너희는 구원을 이루라"(빌2:12)는 말씀은 구원을 얻기 위해 수고하라는 뜻이 아니라 하나님께서 우리 안에 이루어 놓으신 구원을 삶으로 나타내도록 수고하라는 뜻이다. 나의 입술은 무엇을 말하는가? 나의 귀는 무엇을 듣기 원하는가? 나는 어떤 미래를 바라는가? 이처럼 주님은 우리 몸의 지체가 내 안에 이루어 놓으신 구원의 삶을 어떻게 살아야 하는지에 대해 질문하고 계신다.

예수님은 구원을 완성하셨고 우리는 지금 그 구원의 삶을 나타내야 하는 성화의 길 위에 서 있다. 구원에 대한 기쁨이 있는 사람은 세상으로부터 주어지는 환경에 관념적이거나 기복적이지 않다. 그래서 사도바울은 '자족함'을 설파하였으며, 또한 주님은 우리에게 '염려하지 말라'라고 하셨다(마6:25~32). 이 말씀은 진실로 구원의 확신을 가진 자라면 삶의 염려를 '그치라'는 뜻이다. 구원은 세상의 환경에 굴복하지 않는다. 욥은 육체 밖에서도 하나님을 앙망한다고 했다(욥19:26). 구원은 긍휼하신 하나님께서 창조하신 것들을 다시 회복시키시고자 하는 그분의 의지가 예수 그리스도의 은혜로 주어진 것이지 세상의 가치나 기준으로 측정하여 우리의 판단으로 결정된 것이 아니다.

> "누가 너를 남달리 구별하였느냐 네게 있는 것 중에 받지 아니한 것이 무엇이냐 네가 받았은즉 어찌하여 받지 아니한 것같이 자랑하느냐"(고전 4:7)

● 보상신앙의 정수 '상급'

'상급'이란 우리의 행위가 하나님으로부터 받을 만한 가치가 있어서 주어지는 것이라기보다는 하나님이 선택하신 우리를 향한 은혜의 표현이다. 구약에서 신실한 하나님의 백성들에게 주어지는 그분의 상급 개념은 아브라함의 언약에 상세하게 기록되어 있다(창15:1). 하나님의 백성들은 하나님의 율법을 지킴으로써 상급을 받았으며(시19:11; 잠13:13), 그리고 상급의 속성이 명시된 곳에서는 번영과 땅에서의 안전이 언급되었다(출20:12; 레25:18~19, 26:3~12).

또한 신약에서는 '상급'에 대한 약속을 종말론에 초점 맞추고 있다.

> "우리가 즐거워하고 크게 기뻐하며 그에게 영광을 돌리세 어린 양의 혼
> 인 기약이 이르렀고 그 아내가 자신을 준비하였으므로 그에게 빛나고
> 깨끗한 세마포 옷을 입도록 허락 하셨으니 이 세마포 옷은 성도들의 옳
> 은 행실이로다"(계19:7)

이 땅에서 의의 행실은 잊히지 않고 천국에까지 우리를 따라온다. 천국에서 부여받
은 권위와 보화는 우리의 삶이 땅에서 어떠했는지에 따라 결정됨을 계시하고 있다.
이때 의로 인하여 다른 사람과 구별되지 아니하는 자(마5:46, 6:1), 그리고 외적인 경건한
행위로 얻은 인간의 영광으로 자기 상을 이미 받은 자(마6:2,5,16)는 상급이 보류되었다.
반면 하나님의 상급은 예수님 때문에 핍박을 받은 자들(마5:12; 히11:26)과 진실하고 은밀
한 경건으로 행하는 자들(마6:4,6,18), 복음을 적극적으로 행하는 자(마10:41~42; 막9:41)들, 그
리고 이 땅의 보상을 기대하지 않고 선을 행하는 자들(눅6:35)과 복음을 신실하게 전하
는 자들(고전3:14), 일상을 신실하게 하는 자들(골3:24), 시련에 직면하여서도 애써 믿음을
지키려는 자들(히10:35; 요이8)에게 주어질 것이라고 약속하고 계신다. 이러한 상급은 영
원한 구원이라는 하나님의 선물(계11:18)로 언급하고 있다.

이처럼 '상급'은 보상신앙의 '정수'이다. 사실 보상은 청지기가 스스로 바라는 조건
이 아니라 하나님의 약속이다. 그러므로 설사 우리에게 아무 보상이 없더라도 우리는
구원의 기쁨에 대한 마땅한 도리로 하나님을 향해 즐거운 마음으로 기꺼이 섬겨야 한
다.

"이와 같이 너희도 명령을 받은 것을 다 행한 후에 이르기를 우리는 무
익한 종이라 우리가 하여야 할 일을 한 것뿐이라 할지니라"(눅17:10)

그러므로 영원의 관점에서 살아가는 그리스도인들이 자신 안에 있는 성령을 근심
하게 하는 일들이 얼마나 많은가를 매 순간 생각하면서 하나님을 섬기면 우리의 내적
인 신앙의 삶은 보다 효율적인 상태에서 구원과 상급에 대해 확신 있게 유지할 수 있
을 것이다.

다음의 내용은 복음 신학자 마틴 로이드 존스가 『성경 교리강좌 Ⅲ』에서 '**상급**'에 관
해 강의한 내용을 요약한 글이다.

[고린도전서 3:13~15에는 "각 사람의 공적이 나타날 터인데 그날이 공적
을 밝히리니 이는 불로 나타내고 그 불이 각 사람의 공적이 어떠한 것을 시
험할 것임이라 만일 누구든지 그 위에 세운 공적이 그대로 있으면 상을 받
고 누구든지 그 공적이 불타면 해를 받으리니 그러나 자신은 구원을 받되
불 가운데서 받는 것 같으리라" 그러므로 우리는 십자가에 못 박히신 예수
그리스도라는 단 하나의 확실한 터 위에 세우도록 주의해야 합니다. 나무
나 풀이나 짚으로 세우면 그 공력이 불에 타버려 아무것도 남지 않을 것입
니다. 하지만 바울은 사람의 공력이 그처럼 타버린다 해도 "자신은 구원을
받되 불 가운데서 받는 것 같더라"(15절)라고 말합니다. 여기서 바울은 그
사실을 이렇게 표현합니다. "별과 별의 영광이 다르도다"(고전15:41) 우리
는 모두 영광 가운데 있을 것이며, 모두 구원을 받을 것입니다. 그런데도 구
원 이후 우리의 공력(상급)이 고려될 것이라는 이런 분명한 가르침이 있습니
다. 그것은 우리의 칭의가 아니라 상급과 관련된 것입니다. 그러므로 바울
은 "우리는 주의 두려우심을 알므로 사람들을 권면하거니와"(고후5:11)라고

말하는 이유를 알게 됩니다. 바울은 자신이 그리스도의 심판대 앞에 나아가 자신이 전도자로서의 청지기 직에 관해 설명해야 한다는 것을 알았기 때문에 그는 꾸준히 열심을 내었던 것입니다. 이러한 차이가 있음에도 불구하고 우리가 모두 최상의 행복 가운데 있을 것이라는 사실입니다. 우리는 모두 '그 몸으로 행한 것'을 설명해야 합니다. 요한계시록 14장은 "그들의 행한 일이 따르는"(13절) 복된 죽음에 대해 말해 줍니다.]

5) 우리 마음은 어디에 있는가?

'당신의 보물이 있는 곳에 당신의 마음도 있다.' 지금 당신의 보물은 어디에 있는가? 그리고 언젠가 되돌아가야 할 영원한 나라에 관한 생각을 진지하게 생각해 본 적이 있는가? 만약 있었다면 영원한 나라(천국)는 여러분에게 어떻게 그려져 있는가? 그 나라에서 당신은 어떤 모습으로, 무엇을 하며 살 것인가를 생각해 보았는가? 구원을 확신하고 부활을 믿는다면 우리는 지금 이 문제에 관해 진지하게 고민해 볼 필요가 있다.

하지만 지금 우리는 왜 영원에 대한 고갈을 느낄까? 그것은 우리가 성령의 속삭임을 무시할 때 일어난다. 또한 자신의 열정이 하나님의 뜻과 계획보다 앞서 진행됨으로 자기 부인을 스스로 용납하지 않는 조급함이 그 이유가 될 수 있다. 이처럼 번영신학과 축복신앙에 젖어 있는 우리는 자기중심의 복이 채워지는 것에 집착해있으므로 영원의 관점으로 살아야 하는 천국 복음이 우리에게 불편한 진리가 되어 있다.

예수님은 하나님을 위해 하늘나라에 보화를 쌓으라고 말씀하지 않으셨다. "네 자신을 위하여 하늘에 보화를 쌓으라"(마6:20)고 말씀하고 계신다. 이제 우리가 이 땅에서 살아가야 하는 이유는 분명해진다. 그것은 삶의 목표가 세상이 아니라 영원한 나라라는 사실이다. 하나님은 최초의(원시적) 창조를 포기하신 적이 결코 없으신 분이다. 이에 관해 오스왈드 챔버스는 "우리의 마음 중심에 자신의 상식을 앉혀 놓고 예수 그리스도는 영적 조언자 정도로 여기는 경우가 많다. 소유나 사회제도에서 오는 안정감(편안)은 영적인 삶(평안)을 성장시키는 데 가장 큰 방해물이 될 수 있다"라고 지적했다. 분명한 것은 성경의 모든 말씀은 우리가 이후에 천국에서 살아야 할 모형을 이 땅의 삶에서 훈련하라고 믿는 자에게 주신 천국 삶의 지침서라는 사실이다.

"빛의 열매는 모든 착함과 의로움과 진실함에 있느니라"(엡5:9)

구원의 복을 감사하며 즐거워하는 자는 그 행동에 있어 온유한 영과 결합한 도덕적인 탁월성을 가지며, 또한 순수함과 정직함으로 이 땅에서의 삶을 주님께서 허락하신 섭리 안에서 살아가길 애쓴다. 그리고 이 땅의 현상과 시간에 머물러 판단하지 않는다. 오히려 이 땅의 모든 삶을 과정에 두고 행하며 영원한 나라에 대한 결산을 목표로 살아간다. 그러한 사람은 어느 위치에 있든지 하나님의 뜻이 무엇인지를 찾기 위해 끊임없이 노력한다. 이에는 분명 고난과 양보와 손해를 많이 볼 수밖에 없다. 그런데도 "내 소유는 이것이니 곧 주의 법도를 지킨 것이니이다"(시119:56)며, 평강의 마음을 잃지 않으려 삶에서 훈련을 지속시켜 나간다.

이에 사도바울은 인생의 세워나가는 과정을 건축물로 묘사하고 있다. 믿는 자에게 기초 돌은 그리스도이지만 세상 사람들은 각기 다른 재료를 사용하여 건축한다고 비유했다. 그는 우리가 이 땅에서 삶을 어디에 목적을 두고, 무엇을 건축했는지에 따라 영원한 나라의 결산대 앞에서 주님의 평가를 받는다고 말한다(고전3:12~15). 그러므로 우리의 영원성은 하나님의 지침서(성경)를 지켜나갈 때 가능하다.

이제 우리가 이 땅에서 살아가는 이유가 우리 마음을 어디에 두고 사는가와 직결된다면 구원의 확신을 가진 자의 삶의 목표는 분명해졌을 것이다.

삶의 영성과 재정

☞ 영원의 관점으로 살아가는 청지기적인 삶의 시작은 거룩의 재발견을 매일매일 확인하며 말씀대로 사는 '지금'이다.

🏠 실천 적용과제

1. 유언장 쓰기

2. 천국에서 삶을 스케치해 보기

3. 상급의 복(요한계시록)

　첫째, 1:3

　둘째, 14:13

　셋째, 16:15

　넷째, 19:9

　다섯째, 20:6

　여섯째, 22:7

　일곱째, 22:14

질문을 통한 나눔

1. 예수님은 영원에 대한 영혼 회복을 위해 어떤 말씀을 하셨을까요?

   • 마9:13

   • 마10:34

   • 눅12:49

   • 눅12:51

   • 히4:12

2. 성경은 천국을 어떻게 표현하고 있습니까?

   • 마12:28

   • 고전15:44

   • 히11:10

• 벧전1:4

• 계14:13

3. 우리는 이 땅의 순례자로서 어떤 마음으로 살아야 한다고 말씀하고 있습니까?

• 신18:1~2

• 시편84:10

• 빌3:20

4. 우리에게 구원이 관념적인 신앙으로 자리 잡는 이유는 무엇 때문일까요?

5. 성경은 상급에 관해 어떻게 구분하여 말씀하고 계십니까?

1) 상급을 받는 자

• 창15:1

• 시19:11

・ 잠13:13

・ 마5:12

・ 마10:41~42

・ 막9:41

・ 눅6:35

・ 고전3:14

・ 골3:24

・ 히11:26

・ 계11:18

2) 상급을 받지 못하는 자

・ 마5:46

・ 마6:1~2,5,16

6. 지금 당신의 마음은 어디에 집중되어 있나요? 그렇지 않다면 우리는 왜 영원에 대한 고갈이 생겨날까요?

7. 여러분에게 부활의 의미는 어떻게 다가와 있습니까? 함께 나눠 보세요.

8. 부활 신앙을 확신한다면 여러분은 천국에 대한 소망을 어떻게 재정립해 보겠습니까?

9. 여러분이 죄 없는 세상인 천국에서 해 보고 싶은 일은 무엇이 있을까요?

재정 편

"이제 돈 때문에 고민하지 마세요."

후기 자본주의 속성 – 신자유주의 함정

다원주의 포스트모던 문화의 인식론 배경

오늘날 우리는 노동력이 돈을 만들어 내는 '산업자본주의'를 넘어 돈을 필요에 따라 찍어 내는 '금융자본주의' 시대에서 살고 있다. 특히 신자유주의 시대의 세계화는 상품생산과 소비의 풍요를 인간의 자율적 신념으로 추동시켜 다양한 문화와 경제적 성장을 통한 인간의 욕구를 행복으로 향할 수 있도록 무장시킨다. 이러한 다원주의 세계화 질주는 소비적 상상력을 생활방식에서 찾아내어 우리의 지갑뿐 아니라 우리의 영혼까지 요구한다.

초대 기독교인들은 "모든 물건을 서로 통용하고 또한 재산과 소유를 팔아 각 사람의 필요를 따라 나눠 주는 높은 윤리성"(행2:44~45)을 발휘했다. 그러나 오늘날의 시장과 국가는 하나님이 계시하신 성경적 재정관의 통제 안에 있지 않다. 세상은 최대 다수의 최대행복을 보장하는 '보이지 않는 손(invisible hand)'으로 신화화하기 시작한 것이다. 그러다가 1, 2차 세계대전 이후 한동안 시장에 대한 자유방임적 신뢰에 종지부를 찍고 시장이 국가의 통제하에 들어온 시기가 있었다. 하지만 1970년대에 들어오면서 국가의 통제에 묶어 놓았던 자본이 국경을 넘나들며 시장경제를 전 지구적으로 확산시켰다.

이 물결을 타고 진화한 다원주의 포스트모던 문화의 인식은 우리에게 '그것을 당장 보여 달라'와 '그것을 당장 갖고 싶다'라는 개별적 합리성을 가치로 개인이 요구하는 소유 지향적 압력에 모든 선택을 개방하고 끊임없는 새로운 경험과 개별화된 파편적 관점을 신념화하며 인생의 진리로 정당화시킨다. 이러한 신자유주의 질주가 세계적 확산에 직접적으로 영향을 끼친 결과는 첫째, 경쟁의 동등성을 보장하기 위해 시장경쟁의 불평등한 결과를 용인하고, 둘째, 이로 인해 사회적 삶의(도덕, 윤리, 신앙, 질서) 기초를 허무는 결과를 초래하며, 셋째, 빈익빈 부익부 현상을 심화시키며 사회적 안전망의 불안정을 초래하는 한계를 갖게 했다.

단언컨대 그리스도인들이 현실에서 경험하고 있는 자본주의 속성에 민감하지 못한 이유는 본질에서 하나님의 경제원리에 대한 성경적 이해가 없기 때문이다. 이에 대해 성경은 재물의 정체가 무엇인지, 재물을 잘 관리하고 다스리려면 어떻게 해야 하는지, 특히 재물의 축복을 하나님의 뜻에 합당하게 사용하려면 어떻게 해야 하는지 등을 분명히 계시해 주고 있다. 그러나 안타깝게도 오늘날 교회와 그리스도인들은 이러한 시대적 환경 속에서 성경적 관점이 아닌 세상의 관점으로 모든 것을 해석하며 경쟁에 합류하고 있다. 이제부터라도 성경적 교훈을 교회와 그리스도인이 공부하는 것이야말로 돈(재물)을 이용한 맘몬의 지배와 속박으로부터 해방해 줄 뿐 아니라 돈을 관리하고 다스리는 경작자(청지기)로 거듭나게 하는 기회가 될 것이다.

특히 다원주의 포스트모던 시대에 교회와 그리스도인들의 성경적 재정관 교육은 그 어느 때보다도 절실하게 필요하다. 만약 아무리 교회 안에서 경건하게 신앙 생활하는 것처럼 보여도 훨씬 더 많은 시간을 보내는 교회 밖에서의 경제사회 활동에서 경건의 능력을 상실한다면 현실의 삶에서 그리스도 영을 가진 자로서의 구별된 삶은 점점 더 요원해질 수밖에 없을 것이다. 따라서 지금부터라도 그리스도 공동체인 교회가 회복되고 그리스도인들이 성경에서 말하는 재정의 삶으로 재무장하려면 그 중심에 돈(재물)의 문제가 깊은 연관이 있음을 성경적 재정관점에서 가르치고 훈련해야 한다.

번영신학의 오류

1) 번영신학의 본질

"그러므로 염려하여 이르기를 무엇을 먹을까 무엇을 마실까 무엇을 입을까 하지 말라 이는 다 이방인들이 구하는 것이라 너희 하늘 아버지께서 이 모든 것이 너희에게 있어야 할 줄을 아시느니라 그런즉 너희는 먼저 그의 나라와 그의 의를 구하라 그리하면 이 모든 것을 너희에게 더하시리라"(마6:31~33)

"주께서 내 원수의 목전에서 내게 상을 차려주시고 기름으로 내 머리에 부으셨으니 내 잔이 넘치나이다 내 평생에 선하심과 인자하심이 반드시 나를 따르리니 내가 여호와의 집에 영원히 살리로다"(시23:5~6)

이처럼 성경은 영원을 향한 '**십자가 번영신학**'을 말씀하고 있다.

2) 번영신학의 왜곡

그런데 오늘 우리의 신앙에서 번영신학은 더 많은 돈을 나누면 더 부유하게 될 것이라고 가르친다. 드림과 여러 형태의 순종으로 하나님을 따르는 것이 풍성하게 공급받고 부유한 삶을 즐기는 공식이 된다. 자칫 당연한 말인 것 같지만 이것이 기독교화된 물질만능주의의 핵심이다. 단지 번영신학이 세속적인 물질만능주의와 구별되는 점은 그것이 하나님의 말씀에 기초를 둔다고 주장하는 것이다. 그러나 이것이야말로 번영신학을 가장 위험하게 만드는 원인이 되며 초콜릿을 바른 쥐약과 같다. 왜냐하면 진리로 위장하지 않으면 많은 그리스도인이 그 거짓말을 삼키려고 하지 않을 것이기 때문이다. 번영신학의 잘못된 왜곡은 말씀(진리)을 가볍게, 죄책감은 외면하되, 물질의 복을 강조하고, 마음의 욕망을 쉽게 채울 수 있는 길을 제시한다.

왜곡된 번영신학의 가장 큰 문제점은 과시적 소비에 대한 죄책감을 제거해 버리고 우리를 궁핍한 자들의 울부짖음에 둔감한 영적 청각장애우로 만들어 버린다. 또한 번영신학의 복음은 우리에게 성공과 부를 얻을 권리, 부자들과 유명인들의 삶을 누릴 권리가 있다는 믿음에 길들어지게 만든다. 교회의 설교조차 소비에 대한 도덕적인 책임을 감당해야 하는 양심에 무뎌져 있고 대신 부와 성공의 복, 즉 물질과 명예의 획득이라는 허영심만을 부추기는 대중적 성격을 띠고 있다. 한 인간이 물질, 부, 건강의 문제들과 어떤 관계를 맺고 있는가는 그가 궁극적으로 누구에게 충성하며 무엇을 우선시하는가를 보여준다. 그것은 "영혼의 문제"이다〈출처: 랜디 알콘, 『내 돈인가 하나님 돈인가?』 중에서〉.

소유와 소비 그리고 빚

◆ 목표

성경에서 빚의 청산을 어떻게 표현하고 있을까? **'다 이루었다.'**(요19:30)는 헬라어로 **'완불했다'**라는 뜻을 포함하고 있다. '빚'의 실체와 위험성을 알고 그에 대한 성경적인 해결을 깨달을 때 그 속박으로부터 자유를 누리게 한다.

◆ 암송 구절

"내가 해 아래에서 큰 폐단 되는 일이 있는 것을 보았나니 곧 소유주가 재물을 자기에게 해가 되도록 소유하는 것이라"(전5:13)

"너희는 값으로 사신 것이니 사람들의 종이 되지 말라"(고전7:23)

에덴동산에서 아담과 하와가 선악과를 먹고 난 뒤 하나님께서 먼저 여자와 대화를 나누셨다.

> "네가 어찌하여 이렇게 하였느냐 여자가 이르되 뱀이 나를 꾀므로 내가
> 먹었나이다"(창 3:13)

사람의 **소유적 욕망**은 죄로부터 시작되었다. 에릭 프롬(Erich Fromm)은 그의 책『소유냐 존재냐(To Have or To Be)』에서 "소유는 현대 산업사회에 있어서 기본적인 생존 양식이며 우리는 우리가 가지고 있는 것으로 자기의 가치, 자기의 주체성, 혹은 자기의 존재를 증명하는 것이다. 이러한 관계는 물건뿐 아니라 인간, 지식, 관념, 신, 나아가서는 건강이나 질병에까지 미치고 있다"라고 말하면서 이러한 소유의 욕망은 "인생의 목표는 행복인데 그 행복의 절정을 쾌락이라는 것을 통해 달성하려는 욕망과 또 이를 조장시키는 기능적 요소가 자기중심주의적인 이기심과 탐욕"이라는 것으로 나타난다고 보았다. 이 말은 하나님을 떠난 인간의 자학적 투쟁을 묘사하고 있다.

소비는 '필요 소비'와 '욕망 소비'로 구분할 수 있다. 필요(Needs)는 삶을 유지하기 위해 꼭 있어야 하고, 욕망은 원하는 것(Wants)이다. 그런데 문명의 진보와 인간의 상상력은 필요 소비 이상의 욕망적인 소비로 자신을 과신하는 사회로 변모시켰다. 그리고 소득과 소비의 불균형은 '빚'을 낳게 하였다. **빚**은 자기가 사랑하는 성향에 집착하여 자신의 주권을 부추기는 모든 유혹으로부터 시작되며, **유혹**이란 "어떤 인격체의 내적 자질들이 외적 힘에 의하여 시험받는 것"을 뜻한다(오스왈드 챔버스). 이러한 유혹은 인격체가 자신이 원하는 것을 신속하게 이루고자 타협할 때 곧바로 다가온다. 이에 관해 성경은 "그들의 눈앞에 하나님을 두려워함이 없느니라"(로마서3:18)라고 말씀하고 있다.

1. 자신에게 재물, 시간, 달란트 등은 소유적인 것입니까? 관리적인 것입니까?

2. 자신에게 소비는 필요적인 것입니까? 욕구적인 것입니까? 어떠할 때 과소비 또는 과시 소비 등이 충동으로 다가옵니까?

3. 빚을 지고 있습니까? 그렇다면 그 원인은 무엇으로부터 시작되었습니까?

4. 빚이 우리에게 '필요악'이라는 것에 대해 어떻게 생각하십니까?

5. 빚은 여러분의 삶에 어떤 영향을 미치고 있습니까?

인간소유의 기원

1) 소유의 관점

'갖는다'(to have)라는 의미는 소유의 표현으로 인간이 필요한 것부터 원하는 것까지 가지고 있거나 갖고자 소망한다는 뜻이다. 그런데 놀라운 것은 히브리어에서는 갖는다는 개념이 *'jesh li*(it is to me)'로 '그것은 내게 있다'라는 간접적 형태로 존재의 표현으로 되어 있을 뿐이다.

> "너희가 그것을 먹는 날에는 너희 눈이 밝아져 하나님과 같이 되어 선
> 악을 알 줄 하나님이 아심이니라"

인간의 소유개념은 창세기3:5에서 기원한다. "너희 눈이 밝아져 하나님과 같이 되어"는 하나님의 소유권 찬탈과 함께 죄의 출발이 되었다. 이후 사단은 인간생존 사회

의 근간을 소유적 관점으로 접근하여 유혹하기 시작했다. 특히 신약에서 '예수님이 광야에서 사탄의 시험을 받는 이야기'는 물질에 대한 갈망, 그리고 권력에 관한 소유 욕망의 유혹을 대표적으로 설명해 주고 있다.

> "그 때에 예수께서 성령에 이끌리어 마귀에게 시험을 받으러 광야로 가
>
> 사 사십일을 밤낮으로 금식하신 후에 주리신지라"(마4:1-2)

40일을 밤낮으로 주리신 예수님을 향해 사탄은 달콤한 유혹으로 다가왔다. 첫째, 돌들로 떡 덩이가 되게 하라. 둘째, 성전 꼭대기에서 뛰어내려 너의 존재를 확인시켜 라. 셋째, 사탄에게 엎드려 경배하면 천하의 모든 것을 주겠다며 예수님을 시험했다. 하지만 주님은 단호한 말씀으로 사단을 물리치셨다. 여기서 사단은 보이지 않는 죄의 명확성을 심기 위해 물질, 명예, 권력의 소유에 대한 욕망으로 성령 충만하신 예수님 께로 접근하고 있음을 보여 주고 있다.

21세기 들어 신자유주의와 포스트모더니즘 이데올로기의 정점에서 언젠가 「엠 매 거진」의 표지 기사에 **"나는 원한다. 고로 존재한다"**라는 광고문안(copy)이 실렸던 적 이 있다. 이는 탐욕이 언제나 인간의 소유 욕구를 움직이는 가장 중요한 힘으로 작용 하며, 아무런 도덕적·사회적 제약도 없이 활개를 치게 되었음을 의미하고 있다. 그에 관해 존 캐 버너는 『소비사회를 사는 그리스도인』이란 책에서 "그리스도인들은 규칙 적으로 반역을 저지르고 있다. 입으로는 예수를 주님이라고 주장하지만, 삶으로는 돈 과 성, 자기만족을 위해 끊임없는 소유적 갈망에 목말라하고 있다"라고 지적한다. 헨 리 나우엔 또한 "우리는 모두 두려움을 가지고 있으므로 '이 세상에는 모든 사람이 먹 을 수 있을 만큼 식량이 충분치 않아, 그러니 나는 비상시에 대비하여 나 자신을 위한 양식을 저장해 두어야겠어.' 또 '모든 사람이 다 같이 가질 수 있는 지식이란 이 세상 에 없어. 그러니 나의 지식은 내가 간직해서 다른 사람이 이용하지 못하도록 해야겠

삶의 영성과 재정

어.' 이런 것들은 우리가 생존하는 데 필요한 것들을 충분히 가질 수 없으리라는 것을 두려워한 나머지 무엇이든 비축해 두려는 소유적 욕망에서 나온 것으로 보면서 그러나 이러한 비극은 결국에는 손안에서 녹슬어 버린다"라고 했다〈출처: 헨리나우엔: 『영혼의 양식』〉.

이처럼 우리는 돈과 부의 소유를 삶의 가치 중 하나로 여기는 것이 아니라 삶의 유일한 가치로 여긴다. 게다가 돈과 부를 더 많이 소유하는 것이 인생의 유일한 목표가 되었다. 이제 더는 삼위일체는 누구이며, 우리에게 어떤 분이신 것을 거의 이야기를 하지 않는다. '성경'은 진리를 계시한 책으로 궁극적으로 우리가 누구인가, 무엇을 소망하는가, 어떻게 행동하길 갈망하는가, 무엇이 영원한가, 무엇이 중요한가, 무엇이 참으로 가치가 있는가 하는 물음에 대한 불변의 지침서이다. 말씀은 우리를 움직이시는 하나님이 누구신가에 관한 자세한 설명이며 우리와 하나님과의 관계 회복을 예수 그리스도를 통하여 계시하고 있다. 그런데 만약 우리의 존재와 목적이 오직 우리가 무엇을 소유하는가의 관점에서만 집착하고 우리가 무엇을 가지고 있으며 획득하는가에 의해서만 평가된다면, 하나님은 지금 무엇이라 말씀하실까?

2) 소유와 집착은 왜 시작되었나?

소유와 집착은 우리가 물질만능주의에 사로잡혀 하나님을 떠나는 원인이 되었다. 세상 문명은 사람을 보호하면서 사람이 하나님 형상 회복으로 인도하는 것이 아니라 하나님이 필요하다는 사실을 잊어버리게 했다. 인류 역사 이래로 지금껏 사람은 어떤 이데올로기로도 우리의 현실과 이상을 만족시키지 못하고 있다. 그것은 앞으로도 마찬가지일 것이다. 말씀에서 "인간의 눈이 밝아 하나님과 같이 된다"(창3:5)라는 의미는 이 책의 전체 흐름에서 "하나님의 소유권을 찬탈한 행위"로 표현한다. 이 행위의 연속성은 인간이 자신의 이성과 감성에 대해 무한대적인 신념을 가지게 하였으며 자가적 목적을 이루기 위해 최선을 다하면 자아실현의 가능성을 가질 수 있다는 집착으로 확장되었다. 이렇듯 인간표현의 극대화가 된 자아실현은 세계화와 포스트모던 가치관의 흐름을 타고 진리의 말씀을 거부하고 파편화된 자아실현을 소비숭배로 충족시키고 있다.

사탄의 덫은 '원하는 것'에 대한 친밀감에서 온다. 하와가 아담에게 그러했듯이 인간의 유혹은 가장 가까운 사람에게 은밀하게 전이된다. 성경에서 하와는 사탄의 덫에 걸린 자기 잘못을 스스로 느끼지 못했지만, 하나님의 금기사항을 직접 들은 아담은 여자가 건넬 때 그것이 잘못되는 것인 줄 알고도 먹었다. 이는 '의식적인 죄'였으며 죄의 근본이 되었다. 일반적으로 '아담의 죄'라고 하는 이유는 그가 선악과를 의식하면서도 먹었기 때문이다. 때문에 오늘날 죄가 무엇인지 아는 사람은 죄인이 아니라 예수를 믿는다고 하는 '그리스도인'들이다. 이러한 죄의 성향은 구원 이후에도 세속적으로 방황하는 자들에게 사탄의 유혹으로 나타나고 있다. 맘몬의 지배력은 우리에게 하나님에 대한 '의심'과 '불신'을 끊임없이 가지게 함으로 소유와 집착, 물질의 욕망, 신념과 권세, 부에 대한 축적 등으로 파생되어 하나님을 떠나게 한다. 시편8:6에서 "주의 손으로 만드신 것을 다스리게 하시고…"라는 말씀이 기록되어 있다. 이는 인간이 죄이전에 받은 하나님의 복은 만물에 대한 위임권이었다는 언약의 기록이다. 하지만 죄이후 소유권이 사람에게 있다는 신념은 모든 문제, 즉 '죄의 근원'이 되었다.

그렇다면 소유와 집착은 무엇으로부터 오는 것일까?

첫 번째는 자신의 영웅적인 삶이 언제 실패할지 모른다는 '두려움'으로부터 온다. 그것은 하나님을 의지하지 않을 때 필연적으로 다가오는 결과이다. 두 번째는 자기 뜻과 계획이 자신에게 만족스럽게 채워지지 않을 때 자기 생각에 대한 집착이 강해지고 이는 하나님을 의심하는 상황으로 확장된다. 특히 보이는 재물에 대해 민감한 사람에게는 하나님은 의미 없는 존재가 되어 버리고, 재물이 자신의 주인이 되는 순간

낙원을 잃어버리게 된다(막9:43~47). 이는 우리의 주도적인 관심이 무엇에 있느냐에 따라 우리의 삶과 신앙을 측정할 수 있다는 뜻을 내포하고 있다.

이에 대해 바울은

"육체의 소욕은 성령을 거스르고 성령은 육체를 거스르나니 이 둘이 서로 대적함으로 너희가 원하는 것을 하지 못하게 하려 함이니라"(갈5:17)

라고 하면서 인간은 자신의 주도적인 관심에 마음을 빼앗길 수 있으므로 영적 분별력을 주의 말씀으로 가름할 것을 주문하고 있다.

소비의 특성

1) 우리는 '상품'에 '영혼'을 빼앗기고 있다

"소유의 욕구가 소비를 이끈다. 소비는 소유의 한 형태이며 오늘날 풍요한 산업사회의 중요한 메커니즘(mechanism)이다. 소비의 특질은 다의적(多義的)이다. 즉 그것은 우선 불안을 제거해 준다. 또 더 많이 소비할 것을 요구한다. 왜냐하면 이전의 소비가 곧 더 큰 욕구충족적인 성격을 통해 상실되기 때문이다"(에릭 프롬). 예를 들면 가족의 생계를 위해 자동차를 구매하는 것은 필요에 의한 소비지만, 새롭고 멋진 차를 소유하고 싶어 멀쩡한 차를 팔고 새로 사는 것은 욕망에 의한 소비이다. 많은 사람이 필요와 욕구 충족을 구분하지 않고 소비 자체를 삶의 필수적 요소라고 생각한다. 이로 인해 우리는 가장 풍요로운 시대에 살지만, 오히려 상대적 박탈감은 더욱 커져만 간다.

오감을 자극하는 더 좋은 상품, 소유적 욕구에 맞춤으로 개선된 상품만이 인간의 욕망에 주어진 유일한 위안이 되어 있다. 이제 이러한 소비 욕구는 '삶의 방식'이자 '중독'이 되었다. 이처럼 잘못된 소비 습관은 장수가 축복이 아닌 재앙으로 인식되는 서글픈 100세 시대와 더불어 마주하고 있다.

필요 소유나 적정 소비 그 자체는 하나님께서 사람에게 관리·보전적 차원에서 주신 선물로 이것을 통하여 사람의 행복에 유익하게 사용할 수 있으며 그 자체로도 하나님의 은총에 의해 주어진 가치 있는 것들이 될 수 있다. 그러나 사람과 상품 형식(소유, 소비)들의 관계가 역전될 때, 도구에 불과했던 이것이 인간을 지배하고 사람의 존재 가치를 파괴하게 한다. 필요 이상의 소비 유혹은 사람의 본능을 자극하고 콤플렉스 보상을 떠올리게 한다. 더 좋은 걸 갖고 싶은 유혹, 예뻐지고 싶은 유혹, 즐거워지고 싶은 유혹 등이 그것이다. 오감을 자극하고 본능을 일깨우는 유혹의 덫에 많은 사람은 기꺼이 지갑을 열고 만다. 하지만 돌아오는 것은 갚지 못할 신용카드 빚과 줄어드는 통장 잔액뿐이다.

이처럼 욕망 때문에 소비하는 사람은 과시 소비를 통해 인정받으려고 한다. 다른 사람보다 더 큰 집, 더 좋은 상품을 원하고 부자처럼 되는 것이 잘사는 행복이라고 믿는다. 이러한 허구적인 욕망의 결과 과소비를 충당하기 위해 건강을 해치고, 가족과 보내는 시간이 줄어들고, 당겨쓴 카드비용을 메꾸기 위해 돈을 더 많이 벌어야 하는 악순환이 반복된다. 하지만 어느 순간 수입과 지출의 균형이 무너져 빚을 지게 된다. 빚은 또 다른 빚으로 이어져 개인과 가정의 삶은 서서히 피폐해지는 악순환이 시작되는 것이다. 결과적으로 소비지상주의에 매료되어 살아가는 우리 세대는 과거보다 자신들의 손으로 만든 상품을 더 깊이 숭배하는 '상품 물신주의자'들이 되어 가고 있다. 오래전 시편 기자는 이에 관해 명확하게 경고하고 있다.

삶의 영성과 재정

"그들의 우상들은 은과 금이요 사람이 손으로 만든 것이라 입이 있어도 말하지 못하며 눈이 있어도 보지 못하며 귀가 있어도 듣지 못하며 코가 있어도 냄새 맡지 못하며 손이 있어도 만지지 못하며 발이 있어도 걷지 못하며 목구멍이 있어도 작은 소리조차 내지 못하느니라 우상들을 만드는 자들과 그것을 의지하는 자들이 다 그와 같으리로다"(시115:4~8)

2) 소비를 부추기는 사회적 충동

소비의 종류에는 살아남기 위한 '생존 소비'가 있고 일상을 위한 '생활 소비'가 있다. 그런데 이러한 것들을 넘어서면서 '과소비'가 일어나고, 이 과소비가 지나칠 때는 '중독소비'가 생겨난다. 최근 MZ세대에게서는 '경험적 소비'(Flex: 일명 과시 소비로 자신의 소비를 과시하는 풍조)가 일상화되어 가고 있다. 그런데 의학적으로 소비적 자극을 주는 지름신(충동구매) 발생과정은 대뇌변연계의 감정조절을 담당하는 편도가 자극받아 쿨스팟(cool spot: 상큼한 어떤 부분)을 활성화하면서 작동을 하게 된다고 한다. 그리고 자동으로 브랜드를 보면 자신의 지갑 속사정을 생각하지 않고 무작정 사도록 만들고 싶게 자극을 줌으로써 무의식적으로 구매 결정을 하게 된다. 이처럼 소비는 마케팅, 무의식, 감정 때문에 발생하게 되는데 이를 추동하는 원인은 무엇일까? 한 조사에 따르면 불안할 때, 우울할 때, 화가 났을 때 더 쉽게 일어나며 최근에는 키즈 마케팅을 통한 소비 충동이 소비자들의 마음을 해체시키고 있다.

그렇다면 '소비를 촉진 시키는 사회적 충동'은 어떻게 구매자를 현혹할까?

• 사회적인 배척은 소비를 자극한다.
• 아이들과 관련지어 자극하면 소비가 증가한다.
• 또래 집단에서 동조 소비가 발생한다.

- 슬픔은 과소비의 원인이다(슬픔은 상실감을 느끼게 되고 이를 만회하기 위한 도구로 빈자리를 소비로 채우는 욕구가 생긴다).
- 부모 소비에 영향을 주는 키즈 마케팅, 아이들의 의견은 어른들의 구매 행동에 영향을 미친다.
- 카드를 쓰면 뇌는 착각한다.
- 자존감이 낮으면 더 많은 소비를 한다(돈을 쓴다).
- 소비 행동은 '오감 자극 마케팅(시·후·청·촉·미각)' 95% 이상 무의식이 결정한다(충동 구매).
- 일단 사고 싶다는 욕망이 든 후에는 그것을 의식적으로 합리화하는 과정이 발생한다〈출처: 『자본주의』에서〉.

오늘의 시대는 소득수준이 높아지면서 교통, 음식, 숙박, 상품, 서비스 등 소비지출 항목이 과거보다 훨씬 다양해졌다. 생활 소비, 주택 구입 및 전·월세 급등에 따른 주거비 증가 폭도 큰 편이다. 또 인구 고령화로 인한 공·사적연금, 사회보험, 의료·보건 지출 부담도 꾸준히 증가하고 있다. 더욱이 실질임금은 정체되고 예·적금은 저금리지만 대출은 고정과 변동의 불특정금리로 적용되며 물가는 계속 오르는 상황에서 결국 쓸 수 있는 돈이 점차 줄어든다. 이런 가운데 사회적 소비 충동은 '마케팅 친절'에 은근히 강요당한 채 우리들의 주머니를 고려하지 않고 지갑을 열도록 하고 있다.

※ 비합리적인 소비 형태

- 자신의 소득을 초과하는 무절제한 '과소비'
- 자신의 부를 과시하는 '과시 소비'(Flex: 경험 소비)
- 남들이 사니까 무작정 따라 하는 '모방 소비'
- 계획 없이 즉흥적으로 이루어지는 '충동 소비'

- 소득 대비 경쟁적으로 지불하는 과도한 사교육비와 주택구매비 등
- '마케팅 친절'에 마음과 영혼을 해체당함

3) 건강한 소비생활

반면 필요성에 기준하여 계획적으로 소비하는 사람은 돈을 만족한 삶을 위한 수단으로 생각한다. 다른 사람과 비교하지 않으므로 상대적 박탈감을 느끼지 않는다. 이들은 미래를 계획하고 저축하며 필요적 가치를 효용성 있게 사용하기 위해 돈을 번다. 이런 사람은 합리적으로 소비하고 소득과 지출이 균형을 유지하기 위한 '소비의 원칙'을 세운다. 예를 들면 기억을 함께 나눌 좋은 날들을 남기는 체험적 소비, 시간을 만들어 함께 나누며 걷고 대화를 공유, 목적 있는 저축, 상대방이 필요로 하는 실속 있는 나눔의 행복 만들기 등을 생활 속에서 연출하는 소비가 삶의 질과 건강을 유지하는 방법이 될 것이다. 무엇보다 건강한 소비생활을 하려면 소비에 대한 관점이 변해야 한다. 필요에 의한 소비, 선택된 소비와 절제된 욕망으로 소비 만족을 극대화할 수 있는 훈련이 필요하다. 그리고 때에 따라서는 필요에 의한 소비마저도 줄여야 할 단계가 있다는 점도 잊지 말아야 한다. 하지만 아직도 많은 사람이 필요에 의한 소비만 해야 할 단계에 욕망에 의한 소비를 한다. 지금 나의 상황은 어떤가?

☞ **욕망이 충족되면 일상이 되어 더 큰 다른 욕망이 생긴다. 소비하면 할수록 갈증이 심해지게 되는 이유이다.**

빚(히: 느쉬, 헬: 오페이레)

구약에서 돈을 빌려주거나 빌리는 것에 대해 제한했던 것은 이스라엘 백성들 사이에 부당한 긴장을 막고 공동체의 안정을 유지하려는데 있었다. 즉 어떤 개인의 가난을 심화시키지 않기 위하여 지나친 이자를 취하는 것을 금지하였던 것이다(출22:25; 레25:35~38). 동시에 채권자는 빚을 갚겠다는 채무자의 의지를 나타내는 담보물이나 전당물로 그 권리를 보장받았다(출22:26~27; 신24:6, 10~13). 그리고 빚은 면제년(안식년)인 제칠 년에 탕감되었다(신15:1). 또 신약에서 예수님은 죄와 죄에 대한 용서의 필요성을 설명하기 위하여 '빚'과 '빚진 자'라는 용어를 비유적으로 사용하였다(마18:23; 눅7:36~50).

> "우리가 우리에게 죄지은 자를 사하여 준 것같이 우리 죄를 사하여 주시옵고"(마6:12)

1) '빚'에 대해 하나님은 뭐라고 말씀하실까?

자본주의 부(富)는 성경을 기준으로 한 청교도윤리에 바탕을 두고 있다. 하지만 사람의 부에 대한 필요 이상의 탐욕과 축적은 점차적으로 원하고 소비하는데 미리 끌어다 써 버렸다. 또한 소득수준이 높아지면서 소비는 다양해졌으며 자신도 모르는 사이에 비합리적인 소비 형태는 생활 전반으로 보편화되어갔다. 이제 생활의 편안을 방해하는 것은 용납하지 않으며, 어떤 경우에도 비교우위의 위치를 지키려는 허위적 욕망을 부추기도록 한다. 예전에 우리는 일을 통해 지급된 월급봉투를 보며 미래를 계획했던 시절이 있었다. 하지만 오늘날의 사회는 어떠한가? 자신의 손에 돈을 쥐어 보지도 못한 채 통장에서 자동으로 빠져나가는, 그래서 통장 잔고가 얼마 남아 있는지가 불안한 시대에 살고 있지 않은가?

삶의 영성과 재정

지금 은퇴 이후 미래에 사용해야 할 저축조차 하지 못한 채 대출을 일으키고, 카드로 돌려막고, 연체까지 질 수밖에 없는 우리 삶의 현상을 보고 하나님은 과연 뭐라고 말씀하실까?

● 생활 속의 보편적 욕구

'돈' 하면 무슨 생각이 먼저 드는가? 늘어난다고 생각하면 기쁘고 줄어들면 슬픈, 오늘도 이 하루를 우리는 돈 때문에 웃고 우는 세상에서 치열하게 산다. 번영과 성공철학이 세상을 지배하고, 그리스도인 공동체 안에서조차 성경 일부를 인용한 기복신앙이 복음의 전부인 양 여겨지고 있는 오늘날 많은 사람이 재정문제로 어려움을 겪고 있다. 그리고 불행하게도 우리는 재정의 많은 문제를 세상적인 관점에서 해결하려고만 한다. 더욱이 그리스도인 중에도 돈과 믿음은 별개인 양 정확한 선을 그어 놓고 사는 사람이 허다한 시대이다.

하나님은 우리에게 이 땅에서 맡기신 물질을 영원의 관점에서 잘 관리하여 주님 앞에서 충성스러운 청지기로 살라고 말씀하신다. 하지만 우리는 성경 속에서 돈 버는 묘수나 빚 갚는 방법 등을 배우길 원한다. 그 이유는 그리스도인이면서도 세상의 관점으로 살아온 사람들이 관념적으로 각인된 '하나님의 복'보다는 '세상적 부'에 대한 현실적인 '복'을 더 갈망하기 때문이다. 오늘날 집이나 자동차를 융자로 구입하고, 생활 대부분을 신용카드로 결제하는 것이 이제는 하나의 보편화된 소비 형태가 되었다. 모두 그렇게 하므로(동질성) 문제의식을 느끼지 못하고 있다. 더 나아가 융자나 대출을 이용하지 않는 것은 지혜롭지 못하고 주어진 권리를 사용하지 못하는 구시대적인 삶이라는 생각까지 한다.

이처럼 미래의 자원까지 미리 당겨쓰고 있는 우리가 경험하는 사회는 대책 없이 불어나는 '빚'이다. 우리가 살아가는 물질만능주의 환경이 소비를 조장하는 사회이다 보니 곳곳에서 보이지 않게 돈을 쓰게 만드는 유혹들이 많다. 실제로 우리는 자기 능력

이상의 생활을 누리는 데 익숙하고 또 필요하다면 얼마든지 빚을 내서 살 수 있다고 생각한다. 예를 들면 메일과 문자를 통해 친절하게 다가오는 금리 할인의 유혹, 홈쇼 핑, 이벤트 등, 기간을 정해 제한된 혜택이라는 달콤한 상품 퍼포먼스, 은행의 친절한 대출 유혹과 같은 '마케팅 친절' 앞에 우리는 합리적 판단과 지혜로운 선택을 하지 못 한다. 마치 자신만이 특별하게 우대받는 듯한 착각 속에 빠진 채…, 그 유혹에 쉽게 타 협하고 우선 질러 버리고 보는 충동구매의 조급함을 보인다. 그에 덧붙여 신용마케팅 은 비교심리를 이용하여 직접적인 자극을 유발한다. 그것을 당장 가지지 않으면, 또 그것을 하지 않으면 따돌림당할 것 같은 자기 통제력의 기능을 마비시키기 일쑤이다. 하물며 이러한 삶의 사고방식은 거대하고 보편적 환경에 매몰된 채 다음 세대까지 잘 못된 유산으로 물려주는 상황에 이르고 있음을 부인하기 어렵다. 이처럼 빚은 우리 삶을 한순간 빈곤의 나락으로 끌어내릴 수 있음을 인식하지 못한 무지함에서 오는 소 비 형태의 극단적인 결과이다.

사실 오늘 우리 시대의 상품형식은 부동산이나 주식 등을 통한 장밋빛 미래를 갖게 한다. 그리고 이러한 환상은 미래의 자원을 고갈시키고 종국에는 다음 세대에 빚의 유산을 고스란히 넘겨준다는 사실을 망각한 채 현재의 자기 욕구 충족을 채우기 위해 영혼까지 팔고 있다. 이들은 투자가치가 지속해서 상승하리라는 기대감 속에 채무를 늘려서라도 재테크를 설계한다. 또 실제로 그것을 누리는 듯하다. 이러한 허구적인 기대심리는 아직도 끊임없이 우리의 보편적 욕구 심리로 작용하고 있다. 하지만 우리 실물경제의 삶은 어떠한가? 다자간의 시장경쟁체제 각축이 가져오는 추락을 예고하 는 여러 가지 징후들이 현실적으로 삶의 피부에 와닿게 나타나고 있지 않은가? 그렇 다면 우리의 생활 속에 착지화된 빚의 원인은 무엇 때문일까?

삶의 영성과 재정

2) 빚의 원인

크게 두 가지를 생각해 볼 수 있다. 현대는 '거대한 것'과 '속도'에 감탄하며 열광한다. '거대한 것'에 대한 숭배는 선과 악을 문제 삼지 않는다. 우리 안에 바벨탑(창11:1~9)의 망령은 크고 높은 건물, 막강한 권력의 힘, 거대한 시스템과 제도를 앞세워 무비판적으로 무릎을 꿇게 만든다. 비교사회 속에 우리는 크고 강한 것으로 다른 사람과의 차별을 시도한다. 이는 건강한 투자를 투기로 조장시키고 모든 시간을 그곳에 집중시킴으로써 하나님과 가족 그리고 건강한 생활환경을 피폐하게 하는 원인을 제공한다. 또한 '빠른 것'에 경탄하며 찬양한다. 빠른 것 자체가 진실(善)이 된 사회 속에서 산다. 이 속에는 '원하는 것'을 갖고 싶은 욕구로 충족시키고 '궁금한 것'은 참지 못하는 조급한 행동으로 나타난다.

이와 관련하여 지금 우리 안에 과도한 소비를 조장시키고 미래의 인생까지 담보하는 빚을 조장하고 있는 소비 습관이 무엇인지 체크해 보자. 신상품 교환 주기가 빠른 자동차·휴대전화의 함정, 현란하고 매혹적인 의복과 신발, 의식하지 못하고 지불하는 은행 수수료, 과시적 외식문화, 대기전력의 낭비, 애완동물에 들어가는 과다한 비용, 과시 소비의 무기가 된 신용카드의 남발, 그 외 우리의 삶 속에 꼭 필요하지 않지만 지출되는 부대 비용들을 자각하지 못한 채 낭비하고 있다. 경쟁사회 속에 살아남기 위한 이 같은 몸부림은 결과적으로는 영혼의 황폐함만을 가져다줄 뿐이다.

이러한 때에 영원의 관점으로 지혜로운 소비 습관의 체크와 검약한 생활로의 전환은 가뭄이 계속될 때 물이 부족하여 곤란에 빠지지 않게 하는 '삶의 댐'을 만들어 준다.

> "누가 너를 남달리 구별하였느냐 네게 있는 것 중에 받지 아니한 것이 무엇이냐 네가 받았은즉 어찌하여 받지 아니한 것 같이 자랑하느냐"(고전4:7)

3) 빚의 본질

그렇다면 성경은 '빚의 본질'에 관해 무엇이라 말씀하고 있을까? 성경에서 **빚은 하나님의 말씀에서 탈선하는 심각한 현상이다**'라고 표현하고 있다. 맘몬(재물)의 영은 사람들을 자신의 멍에에 묶어 놓기 위해 끊임없이 소유에 대한 불만족을 조장시켜 계획에 없는 소비를 조장한다. 또 돈이 없으면서도 신용카드를 사용하게 하여 빚의 노예가 되게 하고, 빚으로 인한 염려와 근심으로 본래 누려야 할 기쁨과 감사와 나눔의 삶을 살지 못하게 만든다. 이 맘몬은 하나님보다 돈을 사랑하고 신뢰하게 하며, 돈과 재물에 힘이 있다고 믿게 한다. 이러한 유혹을 경계하여 성경은 "아무에게든지 아무 빚도 지지 말라"(롬 13:8)라고 말씀한다. '아무 빚도 지지 말라'라는 말씀이 영어 성경(NIV)에는 '어떤 빚도 미지급 상태로 두지 마라'라고 번역되어 있다. 즉 절박한 상황이 아니라면 하나님의 자녀들이 부채의 저주 아래 자신을 던지는 것은 지혜롭지 못하다는 의미이다. 채무자에게 목매 있으면서 어떻게 하나님을 완전히 자유롭게 섬길 수 있겠는가?

☞ **빚은 잘못된 신념으로 자리 잡은 '우상'일 뿐이다.**

"그들의 눈앞에 하나님을 두려워함이 없느니라"(롬3:18)

이 말씀의 뜻은 모든 죄악의 근본은 하나님을 경외하지 않은 데서 기인하며, 모든 불신의 근본은 하나님의 뜻을 인정하지 않고 기다리지 못하는 인간의 조급함과 교만에서 비롯된다는 경고이다. 더욱이 우리가 빚을 통해 얻은 욕구를 하나님이 당연히 갚아 주시기를 기대한다면 이 또한 전능자를 우리 마음대로 다루려는 오만일 뿐이다. 이는 하나님을 주인으로 모시는 것이 아니라 그분을 우리 소원을 들어주고 우리 책임을 떠맡고 우리가 지시하는 일을 성취하기 위해 존재하는 말 잘 듣는 종으로 전락시킨다. 이처럼 빚은 개인만의 문제가 아닌 가정, 기업, 국가, 교회에 이르기까지 확대되

삶의 영성과 재정

고 있다. 이제 우리 삶에 보편화된 빚의 문제는 죄의 보편적 문화에 가장 많이 노출되어 있는 우리의 염려와 근심의 중심에 자리 잡고 있다. 특히 빚은 여러 가지 부정적인 현상도 문제지만 더욱 심각한 것은 빚으로 인해 원금상환과 이자 지급, 시간적·감정적 부담으로 가정과 특히 하나님의 영광에 참여할 수 있는 더 좋은 것에 투자할 기회를 놓치게 한다.

※ 빚에 대해 잘못 인식하고 있는 다음 몇 가지를 살펴보자.

> **첫째,** "하나님이 주신 것보다 더 많이 필요하다"라는 우리의 과다한 소유 욕심에서 비롯된다.
>
> **둘째,** "하나님은 우리가 필요한 것들을 잘 아시는 분이 아니다."라는 불신으로 이는 우리의 조급한 생각과 판단을 하게 하는 원인이 된다.
>
> **셋째,** "우리가 생각한 대로 하나님이 행하시지 않으면 우리는 다른 길을 찾아야 한다"라는 잘못된 신념이 자기 믿음으로 착각하며 나타난다.
>
> **넷째,** "빚은 '죄'가 아니라는 말씀을 잘못 이해한 데서 비롯된다." 자칫 맞는 말일 수도 있다. 하지만 이러한 보편적 인식은 우리의 공급자이신 하나님을 불신하는 행위임을 잊어서는 안 된다. 하나님에 대한 불신은 가장 악한 죄가 된다.

"부자는 가난한 자를 주관하고 빚진 자는 채주의 종이 되느니라"(잠 22:7)

● 맘몬의 달콤한 유혹 '신용카드'

'신용'은 미리 쓰고 나중에 갚도록 허용하는 것이다. 이러한 허용으로 채무자가 지불하고 채권자가 받는 수수료가 '이자'이다. 우리는 빚을 질 때 벌지 않은 돈을 얻게 되지만 그 얻은 돈이나 물건으로 인해 미래의 시간과 에너지 그리고 자산과 영혼을 저당 잡힌다. 왜 은행이나 신용카드 회사들이 수십 가지 종류의 상품을 제시하면서 지속해서 돈을 쓰라고 간청하는가? 왜 사람들에게 돈을 빌려주려고 안달일까? 대답은 단순하다. 그들은 '나의 빚으로 이익'을 얻기 때문이다.

"너희는 값으로 사신 것이니 사람들의 종이 되지 마라"(고전7:23)

카드사용의 시초는 제2차 세계대전 이후 미국 가정의 소득증가가 소비 욕구 폭발로 이어지면서 대형소매업체들이 단골을 위해 자체 카드를 선보였고, 1949년 최초의 범용카드인 다이너스카드가 탄생한 데서 출발한다. 오늘날 급속도로 증가하고 있는 가계부채의 주요 원인은 카드사들의 과당경쟁이며 그 결과는 소비자의 무분별한 선택과 그에 따라 스스로 올가미가 되었다. 금융기관은 우리의 많은 부채한도가 높은 신용도의 상징인 듯 조장하여 재정이 건강하다면서 마이너스 대출, 차별화된 신용카드 발급, 신용대출, 포인트 적립 혜택 등 부채를 쓰도록 부추긴다. 그들은 그 유혹을 통해 이자 수수료를 챙긴다. 지금 여러분이 신용카드를 사용하고 있다면 다음과 같은 몇 가지 사항을 점검하라.

첫째, 카드도 엄밀히 '빚'이라는 것을 기억하라.
둘째, 편리함을 포기할 수 없어 카드를 사용한다면, 다음 달 급여에서
상환할 수 있는지를 확인하라.
셋째, 결제금액을 반드시 확인하라.
넷째, 신용카드 결제목록을 반드시 적어 놓아라.
다섯째, 신용카드를 쓰기 전에 이 물건이 정말 하나님을 위해 필요한 것
인지를 생각하라.
여섯째, 신용카드는 스트레스를 풀려고 내 자존심을 세우려고 소비하

는 것일 수도 있다는 사실을 기억하라. 사탄은 언제나 우리의 감
정과 자존심을 건드린다. 이에 현혹되지 마라. 가장 좋은 방법은
지금 사용하고 있는 카드를 정지시키는 믿음의 결단이다.

일곱째, 포인트 유혹으로 인해 신용카드를 과도하게 사용하진 않는지
주의하라.

여덟째, 될 수 있으면 신용카드 대신 포인트 적립 가능한 체크카드를 사
용하라.

4) 교회의 빚

얼마 전 교단이나 교회, 선교단체, 신학교 등이 공금으로 펀드나 주식에 투자했다가 피해를 보는 사례가 보도되었었다. 지금도 교계 신문에는 여전히 주식투자를 대신해 주겠다는 다양한 광고를 내며 교회와 그리스도인들을 대상으로 투자자를 모집하고 있다. 펀드나 주식투자 그리고 부동산은 자신이 가진 자산을 효과적으로 관리하는 하나의 수단으로 자본주의 사회에서 필요한 재테크의 수단이 될 수는 있다. 하지만 교회나 그리스도인들이 영적인 분별력 없이 사용한, 누적된 빚을 한꺼번에 갚거나 자산 증식을 위해 이러한 세상의 투자방식에 참여하는 것이 과연 옳은가에 관해서는 기업 이윤 추구와는 근본적으로 다르다는 차원에서 인식해야 한다.

펀드나 주식 그리고 부동산투자가 현대사회에 공인된 것이기는 하지만 이러한 방식의 투자가 과연 성경적인지는 신중하게 접근할 필요가 있다. 왜냐하면 이것들의 속성은 중립적이다. 그러나 그것을 운용하는 사람이 재테크 욕심이나 물질유혹에 휘말리게 되면 인간이 가진 죄의 속성이 커짐으로써 맘몬의 지배를 받기 쉽게 된다. 그러므로 하나님의 교회가 세상 방식의 투자에 집착하게 된다면 맘몬의 다양한 유혹에 빠져 하나님을 멀리하게 하고 종국에는 빚의 노예가 된다는 사실을 망각해서는 안 된다.

이렇듯 개인이나 가정, 특히 교회가 빚지는 경우 직면할 수 있는 상황으로는

1) 채권자의 종이 된다.

2) 헌금과 십일조를 많이 하는 사람의 종이 된다.

3) 재정적인 압박으로 곤궁에 빠진다.

4) 삶의 영성이 무뎌진다.

5) 선교와 구제 사역 기회에 유연하게 반응하지 못한다.

6) 하나님을 빚쟁이로 만든다.

7) 하나님을 우리의 필요를 채우는 도구로 취급한다.

8) 교회공동체의 분열을 일으킨다.

무엇보다도 '빚'은 교회나 그리스도인에게 하나님이 아니라고 말하거나 더 좋은 방법을 주시겠다고 하는 약속을 스스로 박탈해 버린다. 다시 말해 하나님이 더 좋은 길로 인도하실 기회를 거절한다. 이러한 상황은 궁극적으로 하나님 나라를 위한 소명의 뜻을 자신의 조급함으로 인해 잃게 됨으로써 영원에 대한 투자인 상급 얻을 기회를 상실해 버리게 한다.

그런데 사실 살아가면서 '빚'을 지지 않고 생활하는 것이 가장 자유롭지만, 때론 그렇지 못한 상황과 환경에 처할 수 있는 것 또한 우리의 인생이다. 그 원인이 주택 모기지, 자녀 교육비와 같이 세상의 보편적 문화에서 발생하는 어쩔 수 없는 삶의 처세인 경우도 있고, 자신의 욕심과 실수 등으로 자초한 예도 있을 것이다. 하지만 이러한 다양한 삶의 경우가 자신의 상황을 합리화시킬 수는 있겠지만 물질만능주의 속성에 구속당한 결과이며 본질에서는 하나님을 향한 불신에서부터 비롯된 사실을 인정하지 않으면 안 된다.

> "너희는 이 세대를 본받지 말고 오직 마음을 새롭게 함으로 변화를 받
> 아 하나님의 선하시고 기뻐하시고 온전하신 뜻이 무엇인지 분별하도록

삶의 영성과 재정

하라"(롬12:2)

하나님의 뜻대로 순종하다 받는 근심은 후회 없는 구원에 이르게 하지만, 자신의 판단대로 하다 생기는 세상의 고난은 사망에 이른다고 했다(고후7:10). 만약 빚을 졌다면 교회는 빚진 이유를 되돌아보라. 무엇 때문에 생긴 결과인가? **'교회 빚'**은 예수께서 우리에게 지라고 하신 십자가로 인한 것이 아니라 교회를 운영해 온 우리들의 신념 때문에 받는 공동체의 고통이 많은 원인으로 작용된다는 사실을 인식해야 한다. 그리고 경계해야 할 것은 하나님께 문제해결을 책임 전가하는 경우가 많다는 사실을 자각하고 먼저 회개해야 한다는 것이다.

5) 빚의 청산

첫째, '회개하라'. "너희는 여호와를 만날만한 때 찾으라 가까이 계실 때에 그를 부르라"(사55:6) 말씀하신다. 돈을 빌리고 갚지 않은 악을 회개하라.

둘째, 하나님이 우리의 주인이시라는 것을 확신한다면 하나님께 매달려라. 먼저 하나님께 첫 열매를 드리지 않았다면 즉시 되돌려 드려라. 그분은 우리의 공급자이시며 삶의 모든 분야에서 역사하시는 복의 근원이신 분이다(살전2:12~13).

셋째, 새로운 '빚'을 지지 말고 빚지는 습관을 합리화시키지 말라. 그리고 부채 목록을 만들어서 현재의 '빚'을 체계적으로 없애 나가라. 우선 자신이 가지고 있는 소유물의 목록을 만들어 그것을 현금화할 수 있는 것으로 정리해 '빚'을 갚을 수 있도록 하라. 작은 것부터 갚아라. 부채의 수를 줄이는 것이 중요하다. 왜냐하면 수를 줄이면 심리적 부담이 줄어들기 때문이다. 또한 이자가 큰 것부터 갚아 나가라.

넷째, '빚'을 갚을 때 소득의 50% 이상은 남겨 놓아라. '빚'을 갚겠다고 수입의 70~80%를 내면 최소생활 유지가 힘들어 또 다른 '빚'을 지게 될 수 있다.

다섯째, 신용카드사용을 조절하라. 신용카드사용 원칙을 세우고 되도록 현금 또는 체크카드로 전환하라.

여섯째, '빚'지는 것이 마지막 방법이라 생각될 때는 신중하게 기도하면 결정하라. 잠잠히 하나님께 그 뜻과 해결 방법을 구하라.

일곱째, 부수입을 계획하라. '빚'을 늘리려면 소득을 늘려야 한다. 생활 규모를 줄이고, 일정 기간 노동력을 발휘하여 전문성을 살려서 일할 기회를 찾아보라. 이때 가족들과 상의 후 이해를 구해야 한다.

여덟째, 생활비를 과감히 줄여라. 과시하려는 마음 때문에 결과적으로 '빚'을 지는 경우가 많다. '중독 소비', '과시 소비', '충동 소비', '모방 소비' 등 그동안 '과소비'는 없었는지를 다시 한번 꼼꼼히 살피고, 과시욕에서 비롯된 생활 습관은 없는지 꼼꼼히 점검하라.

아홉째, 이제 예산을 세우고 금전출납부를 꼼꼼히 기록하라. 이는 그동안 잘못된 생활 소비를 교정하는 지침서이며, 무엇보다 주인이신 하나님의 재정을 책임 있게 관리하는 청지기의 본분으로 되돌아가는 훈련이다.

열째, 모든 채권자의 명단을 작성하라. 각각의 채권자에게 연락하여 매달 지급 할 수 있는 금액을 제시하고 그들과 합의를 구하라〈출처: (구) EPS 청지기재정 교실〉.

하나님과의 채무 관계는 왜 두려워하지 않는가?

여기서 잠깐!

청지기 관점에서 빚지는 것에 관하여 재물보다 근본적으로 우리 그리스도인과 교회가 되돌아봐야 할 하나님과의 채무 관계를 살펴볼 필요가 있다. 즉 하나님 창조의 목적에서 우리에게 위임한 시간, 지식, 일터에서의 소명, 여가, 각종 달란트 그리고 가정과 자녀들. 이 모든 관점에서 하나님과의 관계, 주인과 청지기로서의 위치로 되돌아가는 길이 무엇인지를 삶의 총체적인 부분에서 채무 관계를 청산, 회복해야 한다.

☞ **구원 이후에 잠든 영혼으로 사는 것은 하나님께 빚진 자의 삶이다.**

1) 보증의 위험(헬: 아라본)

'보증'의 성경적 의미는 '성령이 곧 하나님의 보증'이라고 밝히고 있다. 곧 성령은 우리가 그리스도 안에서 온전한 하나님의 기업이라는 보증이 되며(엡1:14), 또한 영원한 생명을 소유했다는 보증이 된다(고후5:5). 그러나 일반적으로는 어떤 사물이나 사람을 책임지고 그게 옳다고 증명하는 행위로 상거래에서 법적인 권리를 확실하게 주장할 수 있도록 만든 조치를 가리키는 상업용어이다. 예컨대 보증(인)은 다른 사람의 부채나 의무를 대신 떠받겠다고 자발적으로 나선 사람을 일컫는다. 우리의 삶 속에서 다른 사람의 보증인이 되는 것에 대한 충고는 잠언에 기록되어 있다(잠6:1~5).

> "타인을 위하여 보증이 되는 자는 손해를 당하여도 보증이 되기를 싫어
> 하는 자는 평안하니라"(잠11:15)

"지혜 없는 자는 남의 손을 잡고 그의 이웃 앞에서 보증이 되느니라"(잠 17:18)

"너는 사람과 더불어 손을 잡지 말며 남의 빚에 보증을 서지 말라"(잠 22:26)

'**보증**'은 타인으로 인해 자신이 빚을 지게 되는 상황으로 내닫지만, 또한 '나로 인해 타인이 빚쟁이가 된다'라는 사실을 명심해야 한다. 일반적으로 교회나 그리스도인이 가지고 있는 빚에 대한 잘못된 인식은 믿음을 담보로 한 선택에서 비롯된다. 즉 경기가 불황인데도 자신들이 결정하는 모든 것은 하나님을 위한 것이니 그분이 책임져 주실 것이라는 무지한 신념의 결정과 순종의 강제가 믿음을 담보한 복합적인 결과로 나타난다. 교인들의 수와 그들이 믿음으로 착각한 신념을 담보로 한 교회 대출 결과 등이 공동체 내의 갈등으로 나타난 사실들이 이를 단편적으로 말해 준다. 다시 말해 그리스도인들은 믿지 않는 사람과는 달리 성경적 관점에서의 재물의 사용기준을 확립하고 '영원의 관점에서 결정하고 있는가?'라는 점을 지적하고 있는 것이다.

그렇다면 그리스도인이나 교회가 빚을 져야 하는 위급한 상황에 부닥쳐 있다면 어떻게 해야 할까? '**차선은 최선의 원수**'라는 말이 있다. 차선은 좋은 것이지만 충분히 좋은 것은 아니다. 오히려 최선으로 가는 길을 막는 걸림돌이 될 수 있다. 차선의 세속적인 것이 영의 분별력을 훼방하여 최선의 영적 삶을 방해할 수 있다는 것이다. 그러므로 우리의 합리적이고 이성적인 생각과 판단이 하나님의 뜻에 합당하다고 믿는 믿음이 자칫 자기 신념에 대한 오만이 되어 표출되는 경우가 얼마나 많은지를 신중히 되돌아보아야 한다. 우리가 빚을 지게 되는 이유가 평소에 우리 자신이 하나님 앞에 바로 서지 못하고 우리의 생각과 신념을 믿음화시키며 하나님을 담보한 행위로 나타난 결과라는 사실을 냉정히 인식할 필요가 있다. 나 자신의 신념화는 사탄 때문이 아니라 자신이 영원의 관점에서 주인이신 하나님께 물어보는 훈련을 소홀히 하므로 나타나는 결과이다. 만약에 그런 마음으로 자신을 변명하며 자신의 신념을 사탄의 유혹으로 책임 전가한다면 사탄도 놀라며 자기가 한 짓이 아니라고 하나님께 억울함을 호소할 것이다(약1:12~14).

☞ 돈은 중립이다. 그것을 관리하고 다스리는 사람에 의해 결정된다.

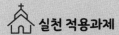 실천 적용과제

1. 부채 재고조사

2. 신용카드가 몇 장 있는가?
   - 신용카드를 절단할 마음은 없는가?

3. 하나님과의 채무 관계는 무엇이 있을까?
   - 시간, 지식, 물질, 달란트, 자녀, 가정 등을 통해 살펴보자.

4. 무엇부터 검약 생활을 실천할 것인가?
   - 정리, 정돈, 청소, 청결, 마음가짐

🕮 질문을 통한 나눔

1. 성경에서 빚에 대한 말씀을 찾고 그 뜻에 대해 함께 나눠 보세요.

- 출22:25

- 레25:35~38

- 신15:1

- 신24:6, 10~13

- 마9:13, 18:23~25

- 눅7:41~50

2. 성경에서는 빚의 종류를 크게 어떻게 구분하고 있습니까?

- 마18:24~35

- 롬13:8

· 롬15:27

· 몬1:18~19

3. 성경에서 물질의 빚에 관한 결과를 어떻게 설명하고 있습니까?

· 레25:39

· 왕하4:1

· 잠22:26

4. 가정이나 교회 그리고 개인이 빚지는 경우 직면할 수 있는 상황이 어떤 것이 있는지 본문
   내용을 가지고 함께 나눠 보세요.

5. 여러분에게 소유적 욕구, 과소비, 탐욕 등은 생활 속에서 어떻게 나타납니까?

   (1) 소유적 욕구

   (2) 과소비 · 과시 소비(경험 소비)
      (*무절제의 원인과 결과 *절제를 방해하는 요소 *절제가 필요한 이유)

(3) 탐욕

6. 성경은 보증의 위험에 대하여 어떻게 경고하고 있습니까?

7. 빚의 청산을 위한 여러분의 신앙과 삶의 결단을 어떻게 하시겠습니까?

 (나눔과 조언 그리고 필요할 때 중보기도 시간을 가져 보세요.)

8. 하나님(주인)과 청지기(나)로서의 위치로 되돌아가는 길이 무엇인지를 삶의 총체적인 채무

 관계를 점검하고 회복하는 시간을 가져 보세요.

삶의 영성과 재정

저축과 투자

◆ 목표

　여러분은 저축과 투자를 왜 하고 있는가? 저축과 투자의 목적은 미래를 위해 돈을 따로 계획해 놓는 것이다. 저축과 투자의 개념은 당장 써 버리는 대신 나중을 위해 자원을 보존하기 위함이다. 삶에 관한 자원의 계획이 없으면 빈곤을 가져온다. 미래의 기근을 대비하지 않고 지금 잔치를 즐기며 자원을 잘못 관리해 놓고, 하나님이나 다른 사람이 우리를 구제할 것이라고 막연히 믿는 무책임하고 무지한 신념일 뿐이다. 따라서 우리는 이러한 자원들을 실질적인 가치뿐 아니라 궁극적인 미래의 관점에서 관리하는 지혜를 배워야 한다.

◆ 암송 구절

　"너는 먹을 모든 양식을 네게로 가져다가 저축하라 이것이 너와 그들의

　먹을 것이 되리라"(창6:21)

◆ 길라잡이

어떻게 성경적인 균형을 가지고 저축과 투자에 접근할 수 있는가? 분명한 것은 하나님의 청지기는 돈과 재물의 통로가 되어야지 창고가 되어서는 안 된다는 사실이다. 왜냐하면 움켜쥐는 것(축적)이 노후를 보장하는 것이 아니라 문제를 일으키는 원인이 되기 때문이다(출16:16~20). 하나님은 그분의 나라를 먼저 구하는 순종하고 책임감 있는 지혜로운 자녀에게 필요를 공급하실 것이다(마6:33~34). 그리고 우리는 오늘의 필요를 채우고 미래의 예비를 위해서 공급해 주신 그중 얼마를 저축해야 한다. 그렇지만 그것을 하나님이 달라고 하시면 언제든지 드려야 함 또한 알기에 그것을 느슨하게 잡고 있어야 한다. 그 이유는 하나님의 인도하심을 느끼면 그것을 더 긴급한 곳의 필요를 만족시키기 위해 드려야 할 것이기 때문이다.

이처럼 '저축'과 '투자'는 우리의 필요를 채우고 난 뒤에 행하여야 하는 '나눔'의 준비이다. 성경의 분명한 가르침은 검약과 저축이 자신의 필요를 채우고, 불확실한 세상에 대한 삶의 예비이며, 축복의 통로로 사용되어야지 창고가 되어서는 안 된다는 사실과 또한 어떤 경우에도 재물이 하나님을 대신하는 대체품이 되어서는 결코 안 된다는 교훈을 말하고 있다. '검약'과 '저축' 그리고 효율적 '투자'는 돈에 대한 청지기 적 권위를 발전시키는 훈련이다.

◆ 들어가는 길목에서

1. 저축을 하고 있습니까? 못 하고 있다면 그 이유는 무엇인가요?

2. 여러분은 검약합니까? 인색합니까?

3. 투자와 투기를 구분할 수 있습니까?

4. 드림과 나눔을 저축하는 것과 어떻게 균형을 맞출 수 있을까요?

5. 소득이 높아졌을 때 당신의 마음은 저축 쪽인가요. 아니면 소비 쪽입니까?

일반 원리와 영적 믿음의 원리

그리스도인들이 생활 속에서 고민하거나 혼동하는 것 중 하나가 하나님의 공급에 관한 생각과 자세이다. 우리 삶의 모든 것들은 공급하시는 하나님께서 우리의 땀과 수고 그리고 관리를 통해 허락하신 은혜의 집합이다. 이때 우리가 기억해야 할 중요한 사실은 하나님의 공급하심에 대한 우리의 자세와 반응이다. 이스라엘 백성이 애굽을 벗어나 광야 생활을 시작했을 때 이들에게 공급자이신 하나님이 주인이심을 깨닫게 하고자 율법의 지킴을 통해 만나와 메추라기를 공급하셨다. 이는 이스라엘 백성에게 세속적인 욕망이 다시는 되살아나지 않기를 바라시는 하나님의 긍휼과 은혜를 영적 믿음으로 회복하시기 위한 훈련이었다. 그리고 광야의 긴 유목 생활의 여정 속에서 이스라엘 백성들의 공동체 경험은 이후 가나안 시대의 정착과 함께 인간의 노동과 땀 그리고 수고에 대한 정직한 소산임을 예비적으로 가르치셨다. 이처럼 하나님은 오늘 우리에게도 이스라엘을 통하여 교훈하신 광야 시대의 영적 믿음 훈련을 토대로 가나안 시대로 나가게 하시어 경작과 보존의 수확을 온전히 드리며 살기를 원하신다.

농사의 원리는 인간의 정직한 땀과 수고를 통해 수확됨을 원칙으로 하고 있다. 농사에서 벼락치기는 상상할 수 없다. 봄에 씨 뿌려 모종하고, 여름에는 물을 주며 관리하여 가을에 풍성한 수확을 한다. 세상적 시스템은 성과 위주의 '결과'에 기반을 두고 있지만, 하나님의 시스템은 '원칙'에 기반을 두고 있다. 단기적으로 보면 세상의 시스템 속에서는 벼락치기와 같은 투기성이 효과가 있을 수 있다. 즉 편법과 눈속임을 이용하여 겉으로 보기에 성공을 거둘 수 있다. 그러나 인생을 하나님의 관점으로 보면 농사의 정직한 법칙이 삶의 모든 무대를 주관함을 깨닫게 한다. 따라서 그리스도인들의 삶의 원칙은 광야에서의 영적인 믿음을 토대로 가나안에서 정직한 소산으로 온전히 누리는 영성의 삶을 살아야 한다. 이때 우리의 삶과 신앙은 정직한 땀과 수고가 없는 신비주의적 신앙을 경계해야 하며, 또한 우리의 수고와 땀의 수확이 소유적인 욕구로 인해 하나님을 떠나게 하는 물신주의적 사고의 유혹으로부터도 벗어나야 한다. 오직 하나님이 우리에게 허락하신 경제적인 풍요는 절약과 근면의 원칙, 장래를 위한 저축의 원칙, 그리고 빚을 지고 이자를 내는 대신 저축과 올바른 투자를 통해 필요 소유를 채우고 나눔의 준비를 해야 한다는 점이다.

저축

▷ 창세기41:34~36 = 요셉의 준비
▷ 잠언21:5 = 현명한 사람 저축, 어리석은 사람의 궁핍함
▷ 잠언 30:24~25 = 개미의 지혜

"25.9%(1988년) → 9.3%(2000년) → 3.1%(2011년) → **?%(오늘)**"

위의 수치에서 보듯이 오늘날 사회적 문제가 될 정도로 저축률이 떨어진 이유는 무엇 때문일까? 부지런하고 근면했던 우리가 언제부터 저축보다 흥청망청 쓰는 소비주의자로 변해 버린 것일까? 지난 외환위기 이후 예금금리를 낮추고 내수 진작을 위해 '소비가 미덕'이라며 돈을 쓰도록 유도한 시기가 있었다. '국가적 차원'에서는 경제가 성숙하고 안정 국면으로 가면서 저축률이 하락하는 것은 자연스러운 현상이라고 말한다. 하지만 '궁극적 차원'으로 눈을 돌리면 낮은 저축률은 약보다 독이 될 가능성이 크다. 우리 경제구조는 1990년 말부터 소비 진작을 통한 내수시장이 성장으로 옮겨가면서 두 자릿수의 저축률이 빠르게 낮아지기 시작했다. 그런데 점차 국내 산업구조가 수출주도형 대기업 편중 현상이 심화되면서 내수시장이 계획만큼 확대되지 못했다. 여기에 높은 실업률과 가계부채가 증가하면서 현재 저축할 수 있는 여력은 빠르게 고갈되고 있다. 이런 상황들을 고려한다 해도 현재의 3%대 저축률은 낮아도 너무 낮다. 게다가 저출산·고령화가 심화되면서 저축을 많이 해야 하는 젊은 층은 줄고, 평생 벌어 놓은 돈을 소비해야 하는 노년층은 늘고 있어 앞으로의 저축률 전망은 지금보다 더 암울할 것으로 보인다. 고령화 사회가 진행될수록 돈을 버는 시간은 한정되고, 소비는 평생이기 때문에 소득과 소비의 불균형은 피할 수는 없는 현실이 되고 있는 것이다.

> "게으른 자여 개미에게 가서 그가 하는 것을 보고 지혜를 얻으라 개미
> 는 두령도 없고 감독자도 없고 통치자도 없으되 먹을 것을 여름 동안에
> 예비하며 추수 때에 양식을 모으느니라"(잠6:6~8)

1) 목적 있는 저축

성경에는 목적을 가진 구체적인 저축을 장려한다. 자동차 구입, 여행, 출산 준비 등을 위해 단기적으로 저축할 수 있다. 또한 요셉의 경우에서 보듯이 장기적인 저축으로 은퇴 후의 소득감소를 대비할 수 있고 10년 후 자녀의 학자금, 결혼준비금, 주택매입 등을 위해 전략적으로 저축할 수 있다. 그리고 하나님 나라의 사역을 위한 목표를 가지고 저축을 할 수도 있다.

- 저축은 삶의 예비이다(사회적 안전망). ⇒ 자신의 노후를 위한 저축
- 저축은 은퇴 없는 하나님의 일(사역)을 위해 사용할 준비이다. ⇒ 목적 있는 저축(하나님 통장)
- 저축은 하나님 나라를 확장하기 위한 준비이다(후원). ⇒ 섬김과 나눔을 위한 저축
- 저축은 자녀의 독립을 위한 올바른 상속과 영원의 토대이다.
- 저축은 돈에 대한 우리의 권위를 발전시키는 훈련이다.

☞ **'돈이 있어야!' 저축한다. → '얼마를 저축할까?'를 먼저 생각하라.**

● 나눔을 위한 저축

'저축'은 나눔의 준비이다. 나눔은 비슷한 위치의 사람끼리 서로 주고받는 행위가 아니다. 대가를 바라지 않고 주는 것, 나보다 덜 가진 자, 나와 사회적으로 다른 위치에 있는 사람에게 주는 행위를 가리킨다. 하나님이 우리에게 허락하신 재물과 시간 그리고 재능은 자기의 필요를 채우고 나머지를 균형 있게 사람의 삶을 돕기 위해 존재하는 것이라 말씀하신다. 나눔을 위한 저축은 우리의 영원에 재산을 상속하는 것이다. 우리의 영혼을 위해 저축한 재물을 균형 있게 분배하는 것은 우리가 **'영적 고아'**

가 되는 것을 막아 준다. 영적 충만한 사람의 온전한 신앙적 관점은 그들의 필요와 나눔이 하나님의 도우심으로만 채워질 수 있다는 사실을 믿는다. 그래서 물질적 풍요가 사회적 삶의 안정감을 준다는 거짓 믿음에 빠지지 않는다. 따라서 나눔을 위해 저축하는 사람들은 궁극적으로 주인의 즐거움에 참여하는(마25:21) 복을 누리게 되고, 결산 시 예수님의 칭찬과 상급을 받게 된다.

● 하나님의 필요를 위한 저축

현실에서 계획이 없으면 빈곤을 가져온다. 그러므로 자원들을 현재의 가치뿐 아니라 궁극적인 비용의 관점에서 측정하는 법을 배워야 한다. 그것은 먼저 되돌려 드리고, 그다음에 저축하고, 드림과 나눔 이후 마지막으로 소비하는 것이 지혜롭다는 성경적 원칙을 지키는 것이다. 그렇게 함으로 저축은 돈에 대한 우리의 권위를 발전시키는 훈련이 된다. 성경 어디에도 우리가 부유하다고 해서 죄 가운데 살게 된다는 기록은 없다. 오히려 우리의 필요를 채우고 선한 청지기 적인 삶을 살기를 요청하며 미래에 하나님이 필요하신 곳에 사용할 지혜를 준비하라고 말씀하고 있다.

☞ 하나님은 "나의 통장"도 있느냐고 물으신다.

● 은퇴를 위한 저축

노동의 대가를 받지 않고 일하는 것은 감사와 헌신의 기회이다. 사역을 위해 일하거나 자원봉사를 할 수 있다. 분명한 것은 하나님이 우리를 이 땅에 남겨 두시는 한, 해야 할 일이 있다는 사실이다. 일하는 시간이 줄어들 수도 있고, 다른 일을 하게 될 수도 있으며, 임금을 적게 받거나 아예 받지 않고 일할 수도 있다. 그러나 하나님은 아직 생산적인 마음과 육체를 가진 사람이 목표 없는 인생을 살길 바라지 않으신다(요 6:27~29). 그러므로 세상의 은퇴 후 30년 동안 부부가 의타심 없이 지낼 수 있는 평균 생활비를 책정하고, 그것에 맞게 은퇴자금(필요 소유)을 설계하는 것이 현명하다. 그 이상은 하나님과 구제의 몫임을 분명히 설계하라고 가르치신다.

> "하나님께서 보내신 이를 믿는 것이 하나님의 일이니라"(요6:29)

현재 자신이 세운 은퇴 설계가 성경에서 칭찬하는 미래를 예측하여 세운 적절한 계획인가? 이에 관해 혹시 재정상담가들이 당신에게 은퇴를 위해 충분히 저축하고 있지 않다고 말할지 모른다. 그러나 성경을 읽을 때 지금 당신이 너무 많이 쌓고 있다는 생각에 놀라지는 않는가? 지나치게 넉넉한 은퇴계좌를 유지하는 것이 어리석은 부자가 미래를 편안하고 안전하게 살기 위해 축적한 것과 근본적으로 무엇이 다를까? 하나님은 은퇴를 포함하여 미래를 위해 저축하는 것을 금지하기보다 오히려 격려하시지만 어리석은 부자의 예에서 보듯이 "축적하지 말고 망설임 없이 주라"라는 명확한 지시를 하고 계신다.

> "하나님은 이르시되 어리석은 자여 오늘 밤에 네 영혼을 도로 찾으리니 그러면 네 준비한 것이 누구의 것이 되겠느냐 하셨으니 자기를 위하여 재물을 쌓아 두고 하나님께 대하여 부요하지 못한 자가 이와 같으니라"(눅12:20-21)

그러므로 은퇴를 위한 저축으로 얼마가 적절한가는 하나님께 여쭈어라. 이때 지나치게 많은 돈을 축적해 두려는 계획은 전혀 바람직하지 않다는 사실에 주목하라.

※ 은퇴를 위한 저축에서 고려할 내용은

▷ 평균수명의 연장으로 은퇴 후에도 이삼십 년을 위한 자원이 필요하다. 그러므로 구체적인 계산으로 계획을 세우는 것이 지혜롭다.

▷ 은퇴 준비는 가능한 한 일찍 시작하는 것이 좋다.

▷ 노후 자금 준비가 적절하게 되면 그 이상 더하려 애쓰지 말고 베푸는 데 전력을 다한다(고후8:13~14).

또한 성경 어디에도 건강한 사람에게 '일'을 그만두라고 하나님이 말씀하신 곳은 없다. 세상의 은퇴는 하나님의 일(사역)의 새 출발이다. 따라서 충분한 삶의 영성을 위한 저축(시간, 재물, 건강, 지식, 달란트, 가정의 안정, 말씀 무장)은 반드시 구체적으로 세울 필요가 있다.

어떻게 성경에서 말하는 균형 있는 저축에 접근할 수 있는가?

1) 저축 더 잘하는 10가지 방법

1. 목적 있는 저축 목표를 구체적으로 세워라.

2. 수입이 생기면 먼저 저축한다(얼마를 저축할까를 먼저 책정하라).

3. 저축하지 못하는 실제적인 이유를 분석한다(소비성향의 돈을 파악하고 제거하라).

4. 맞벌이 부부라면 가능한 한 사람의 수입 전체를 묶어 두라(한쪽 돈은 건드리지 말라).

5. 너무 긴 장기 저축상품은 피하라(단기상품과 장기상품을 잘 구분하라).

6. 자동차 할부금을 붓는 마음으로 대신 정기 저축을 하라.

7. 신용카드사용을 조심하라(되도록 체크카드나 현금을 쓰라).

8. 저축은 빨리 시작할수록 좋다.

9. 저축은 노력한 만큼 되돌아온다.

10. 저축의 이점을 자꾸 반복해서 되뇌라.

〈김동윤 / 『성경적 부자 되기』 중에서〉

2) 검약 생활을 통한 저축

시장연구기관 연구원으로 재직 중인 사라 스탠리 폴로(Sarah Stanley Fallaw)는 백만장자 600명을 대상으로 한 연구 결과, 다음 공통적인 여섯 가지를 발견했다.

첫째, '절약'이다. 검소, 적게 쓰고, 스스로 세운 예산에 충실하겠다는 의지의 표현을 한다.

둘째, '자신감'이다. 재무관리, 투자, 가계 리더십에 대한 자신에게 신뢰를 가져야 한다.

셋째, '책임'이다. 재정적인 결과에서 자신의 노력과 역할을 받아들이고 막연한 행운을 믿지 않는다.

넷째, '계획'이다. 자신의 재정적인 미래를 위해 계획하거나 목표설정을 구체적으로 세운다.

다섯째, '집중'이다. 주의 산만해지지 않고 역할과 최선을 다하는 데 집중한다.

여섯째, '유행에 무관심'이다. 소셜 미디어 무관심 또는 이러이러한 물건을 사야 한다는 사회적 압력에 굴복하지 않는다.

위 여섯 가지 요소는 검약 생활을 통해 저축하는 방법이다. 이 중 가장 많이 강조된 것은 '절약'이다. 재정의 풍요로움을 가져온 사람들의 공통적인 생각은 소득보다 훨씬 적은 지출에서 오는 '자유'를 강조했다. 절약하는 것이야말로 우리가 재정적인 독립을

삶의 영성과 재정

성취하는 핵심 방법의 하나이다. 아무리 소득이 높다 하더라도 분수를 초과해서 소비하면 결과는 돈의 노예로 전락하게 된다.

또한 '삶의 자신감'은 절약에 도움이 될 수 있다. 자신에 대한 자긍심을 가진다면 스스로가 명품이 되기 때문에 주변에서 아무리 소비나 유행을 강조해도 자기중심적인 생활을 할 수 있을 것이다. "분수에 맞는 생활을 하려면 자신감이 필요하다"라는 말은 절약 생활과 함께 저축으로 보장될 것이다. 만약 여러분이 그리스도인으로서 자신감이 있다면 자신에게 **"나는 그리스도의 명품 모델"**이라고 선언해 보라. 이제부터 여러분의 자신감은 스스로 제어할 수 있는 것에 초점을 맞추고, 자신이 설정한 목표에 일상 습관을 맞추게 될 것이다. 필요한 곳에 사용하고 검소한 생활을 하는 것, 즉 검약 생활은 우리의 삶을 풍요롭게 채워 나갈 것이다.

검약하게 살아가는 그리스도인들은 유행에 따라 소비해야 한다는 압력을 느끼지 않으며 물질로 풍요로운 과시(Flex)가 자신을 행복하게 할 수 없다는 사실을 알고 또한 세상의 일반인들처럼 욜로(YOLO: you only live once)나 "소확행"(일상 속에서 작지만 확실하게 느낄 수 있는 행복 또는 그러한 가치를 추구하는 경향. 소설가 무라카미 하루키가 수필집 〈랑게르 한스섬에서의 오후〉에서 처음 사용하면서 소개되었다. 이후 〈트렌드 코리아 2018〉에서 '2018년 우리 사회 10대 소비 트렌드' 중 하나로 소개하면서 재조명받았다.)에 집착하지 않는다.

- **검약:** 불필요한 것에 사용하지 않으나 필요한 것에는 집중(All in)하는 마음
- **인색:** 자신에게는 물론 남을 향해 섬김, 베풂, 나눔 등에까지 이익을 계산하는 마음

3) 저축과 축적의 차이점

'저축'은 뚜렷한 목적을 가지고 미래의 필요에 책임을 다하는 것이므로 다른 사람들에게 기대는 것을 피할 수 있다. 반면 '축적'은 저축의 극단적인 행위로 재난을 대비한다거나 필요를 보충하는 것 이상의 어떤 목적도 없이 쌓기만 하는 것이다. 이 움켜쥐는 것의 예는 '어리석은 부자의 이야기'에서 찾을 수 있다.

> "한 부자가 그 밭에 소출이 풍성하매 심중에 생각하여 이르되 내가 곡
> 식 쌓아 둘 곳이 없으니 어찌할까 하고 또 이르되 내가 이렇게 하리라
> 내 곳간을 헐고 더 크게 짓고 내 모든 곡식과 물건을 거기 쌓아 두리라
> 또 내가 내 영혼에게 이르되 영혼아 여러 해 쓸 물건을 많이 쌓아 두었
> 으니 평안히 쉬고 먹고 마시고 즐거워하자 하리라 하되."(눅12:16~21)

이렇듯 '축적'은 다른 사람을 충분히 도울 수 있고 도와야 하는 상황임에도 불구하고 그 요청을 외면하면서까지 자신의 재정적 독립을 위해 움켜쥐는 것을 말한다. 자신만을 위해 축적하는 것에 하나님은 이 땅에서의 모든 인생을 '허비'하는 것이라고 말씀하신다. 그러나 하나님을 향한 저축과 투자는 투기 같지만, 배당률이 이미 완료된 복의 예정으로 우리의 '믿음'과 '행함'을 요구한다.

> "진실로 각 사람은 그림자같이 다니고 헛된 일로 소란하며 재물을 쌓으
> 나 누가 거둘는지 알지 못하나이다"(시39:6)

삶의 영성과 재정

투자

성경은 투자해야 한다고 직접적으로 말하지는 않지만, 투자의 사례를 제시하고 있다(잠31:16). 예수님 역시 재정적인 이익을 얻으려는 방법으로 투자를 예로 들으셨다(마25:14~29; 눅19:12~26). 이것을 통해 우리는 그분이 지혜로운 투자를 허용하신 것을 암시하고 투자를 금지한 것이 아님을 알 수 있다. 로버트 제프리스는 그의 책 『천국, 그 모든 것』에서 "우리의 생명, 재능, 기술, 은사, 기회 등 우리가 가진 것은 모두 다 하나님이 맡기신 것이다. 우리는 그것들의 소유주가 아닌 관리자일 뿐이다. 청지기는 위탁받은 것들을 이용하여 주인의 자산을 더 많이 늘려야 할 책임이 있다. 우리는 주님의 심판대 앞에서 '내가 네게 맡긴 것을 어떻게 했느냐?'라는 그분의 물음에 대답할 준비가 되어 있어야 한다"라고 말한다. 이 땅이 아니라 하늘나라에 보화를 쌓으므로 영원한 것에 투자하라는 그분의 명령은 이 땅의 투자에 대해서도 올바른 관점을 가지라는 것이지 그것을 하지 말라는 뜻이 아니다. 그러므로 '영원의 관점'에서 올바른 투자목표를 가지고 효율적인 경영을 하면 하나님이 기뻐하시는 투자가 될 수 있다. 하지만 옳지 못한 목적으로 하는 투자는 '투기'로 변질하고 여러 위험 요소로 인해 우리의 삶을 망가뜨리게 된다.

1) 성경적 투자의 원리

> (1) 잠언21:5 ⇒ 투자할 때는 부지런하고 꾸준하며 서두르지 말 것
> (2) 잠24:27 ⇒ 집을 사기 전에 소득을 창출할 수 있는 가능 수단을 점검할 것
> (3) 잠27:23~24 ⇒ 항상 여러분의 자산 현황을 점검할 것
> (4) 전3:1 ⇒ 적절한 시기에 투자할 것

(5) 전11:1 ⇒ 투자를 분산할 것

(6) 사48:17~18 ⇒ 주님의 조언을 구할 것(영적인 결정을 할 것)

2) 투자의 목적

▷ 은퇴나 학자금, 결혼 준비와 같은 장기적인 목적을 달성하기 위해

▷ 하나님 나라의 사역과 도움이 필요한 사람들을 위한 자원 확보를 위해

▷ 사업 확장과 빚을 지지 않고 경영할 수 있게 하려고

● 투자에 지나치게 몰두하면

(1) 신앙생활에 방해를 받는다: 모든 관심이 투자한 그곳에 있으므로 하나님께 집중하지 못한다. "이런 사람은 무엇이든 주께 얻기를 생각하지 말라 두 마음을 품어 모든 일에 정함이 없는 자로다"(약1:7~8)

(2) 삶의 소중한 요소들을 잃게 만든다: 투자에 온 마음을 쏟음으로 가족, 부모, 형제, 건강, 일 등과 그것을 누릴 수 있는 감사와 기쁨을 잃어버린다.

(3) 자족함이 없고 의욕을 잃어버린다: 투자로 이윤을 내었을 시 만족할 것 같지만 더 큰 이익을 꿈꾸게 되고, 교만해지며, 이성을 잃게 되며, 또 손실을 볼 경우, 상실감으로 모든 삶의 의욕을 잃게 된다.

● 성경적 투자 원칙

(1) 미래를 장담하지 말라.

"들으라 너희 중에 말하기를 오늘이나 내일이나 우리가 어떤 도시에 가서 거기서 일 년을 머물며 장사하여 이익을 보리라 하는 자들아 내일 일을 너희가 알지 못하는도다 너희 생명이 무엇이냐 너희는 잠깐 보이다

가 없어지는 안개니라"(약4:13~14)

(2) 급하게 결정하지 말라(욕심이나 두려움의 동기로 결정하는 것은 피하라).

"충성된 자는 복이 많아도 속히 부하고자 하는 자는 형벌을 면하지 못하리라"(잠28:20)

(3) 보증을 서지 마라.

"타인을 위해 보증이 되는 자는 손해를 당하여도 보증이 되기를 싫어하는 자는 평안하니라"(잠11:15). "지혜 없는 자는 남의 손을 잡고 그의 이웃 앞에서 보증이 되느니라"(잠17:18) (잠22:26~27 참고)

(4) 투자의 위험을 계산하라(여러분이 택하려는 위험부담이 '가치'가 있는 것인가?).

"너희 중에 누가 망대를 세우고자 할진대 자기의 가진 것이 준공하기까지에 족할는지 먼저 앉아 그 비용을 계산하지 아니하겠느냐"(눅14:28)

투자 상품을 소개하는 사람들은 돈을 잃을 위험에 대해 언급하는 일은 거의 없다. 그 위험의 투자가 당신의 재정에 어떤 변화를 줄 것인가? 곰곰이 생각하라.

(5) 염려를 일으키는 투자는 피하라.

"여호와여 내 마음이 교만하지 아니하고 내 눈이 오만하지 아니하오며 내가 큰일과 감당하지 못할 놀라운 일을 하려고 힘쓰지 아니하나이

다"(시131:1)

(6) 배우자와 재정적인 영역에서 일치를 유지하라.

성경 곳곳에서 부부간에 연합을 권고하고 있다. 종종 하나님은 우리가 현실을 직면하도록 배우자를 사용하신다.

(7) 잃어버리면 안 되거나 빌려서 투자하는 것을 피하라.

"부자는 가난한 자를 주관하고 빚진 자는 채주의 종이 되느니라"(잠22:7)

(8) 속임수를 피하라.

"악인의 삯은 허무하되 공의를 뿌린 자의 상은 확실하니라"(잠11:18)

단기간에 지나치게 높은 수익률이나 이자율을 보장하는 투자를 경계하라. 우리의 지나친 소유욕이 투기성 투자나 사기성 투자에 속는 경우가 많다.

(9) 분산 투자가 필요하다.

"일곱에게나 여덟에게 나눠줄지어다 무슨 재앙이 땅에 임할는지 네가 알지 못함이니라"(전11:2)

수익을 보장하는 투자는 없으며 그 손실은 언제 어디서나 발생할 수 있다.

(10) 지혜로운 재정 상담을 받아라.

"나를 훈계하신 여호와를 송축할지라 밤마다 내 양심이 나를 교훈하도다"(시16:7) 〈출처: (구) EPS 청지기재정 교실〉

신앙적 재정상담가, 지식과 인격을 갖춘 자. 배우자, 부모의 조언을 받지만, 그러나 **최종결정은 하나님께 기도하는 당신의 몫**이다.

● 부동산, 펀드, 주식 등의 투자에 대한 잘못된 이해

이것을 하거나 많이 가지고 있는 것이 잘못이 아니라 이것이 목적이 되고, 이로 인해 자기가 주인이 되려고 하므로 예수님은 책망하신다. 즉 자신이 결정한 투자가 자신과 가족을 부양하기 위한 노력, 은퇴를 위한 준비, 하나님의 일에 집중하기 위한 목적 있는 영적 분별력을 가진 건강한 투자인가를 지혜롭게 판단하는 것이 중요하다는 것이다.

- **투자**: 정직하게 일하여 번 돈으로 미래를 위해 목적을 가지는 것을 말한다. 그 투자는 Risk(위험)가 적다.
- **투기**: 부정직하거나 노력 없이 한탕주의적 사고로 임하는 것들 Risk(위험)가 크다.

보험과 도박

1) 보험

보험은 삶의 지혜 중 하나이다. 성경은 믿음의 중요성과 함께 지혜의 중요성도 가르치고 있다. 지혜는 세상을 창조하신 하나님의 또 다른 이름으로 성경에 500회 이상 기록되어 있다. 중요한 것은 보험으로 인해 '하나님께 의존하는 마음을 빼앗기지 않도록 분별력을 가져라'라는 것이다. 즉 우리에게 허락하신 것들이 하나님이 주신 필요를 위한 공급의 수단인가? 아니면 하나님을 불필요하게 만드는 회피책인가 하는 것에 대한 영적 분별력을 가질 필요가 있다.

2) 도박

도박은 정직하게 일을 해서 소득을 만들기를 강조하시는 하나님의 '창조의 질서'를 파괴하는 행위이다. 도박문화는 '정직한 보수에 대한 정직한 노동'이라는 진실적인 의미를 파괴시킨다. 하나님이 우리에게 위임하신 모든 것은 꼭 필요한 물건을 구입하고 나머지는 이웃을 구제하고 하나님의 일을 하는 데 사용토록 저축하거나 그것을 행하여야 한다고 말씀하셨다.

- 카지노, 복권, 경마, 자녀 등
- 도박에서 손 뗄 확률은 10% 미만
- 교회가 빚을 갚기 위해 펀드나 투자자에게 헌금을 맡기는 경우
- 목회자의 인지도와 교인 수를 담보로 대출받는 예
- 부채도 자산이라는 세상의 등식을 적용한 하나님의 일을 하는 경우

☞ 복권, 빚, 도박으로 번 돈으로 헌금이나 헌물하는 것을 하나님이 기뻐하실까? 정
직하게 일하고 번 돈으로 저축과 투자를 해라. 그에 대한 하나님의 복 또한 정직
하게 주신다.

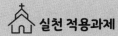 실천 적용과제

1. 부채상환계획

2. 목적 있는 저축 List 작성하기

3. 투기성 지출목록 점검하기

4. 생활 속 검약 목표 설정하기

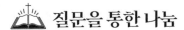

1. 그리스도인으로서 저축에 대한 신앙적 관점을 어떻게 가지고 있습니까?(영적 믿음의 원리와 일반적 원리)

2. 성경은 저축에 대해 어떻게 말씀하고 있습니까?

   • 창세기41:34~36

   • 대하11:11

   • 잠언21:5

   • 잠언28:8

   • 고전16:2

3. 저축의 목표를 세우고 함께 나누어 보세요.

4. 자신의 마음에 저축과 축적이 어떤 성향으로 자리 잡고 있는지 나누어 보세요.

  • 잠6:6~8

  • 눅12:20~21

5. 여러분은 생활 속에서 검약과 인색에 관해 신앙과 삶의 이중성을 경험한 적이 있나요?

6. 투자가 자신의 삶에 주된 관심사가 되어 본 적이 있습니까?

7 성경은 '빚'내어 투자하지 말 것을 권면하고 있습니다. 그런 경우가 있었나요?

8. 잘못된 투자의 목적과 그것을 벗어나는 길은 무엇입니까?

  • 딤전6:9~11

9. 투자가 투기로 변질할 수 있나요? 어떤 경우에 그렇게 되나요?

10. 다음 성경 구절에 나오는 성경적 투자원리를 적으세요.

- 잠19:14

- 잠19:20~21

- 잠21:5

- 전5:13~15

- 전11:2

- 눅14:28

삶의 영성과 재정

드림과 나눔의 비밀

◆ 목표

드림의 비밀 속에는 우리의 생명을 풍성케 하는 '농작의 원리'가 담겨 있다. 첫째, 심은 대로 거둠, 둘째, 씨앗의 종류대로 거둠, 셋째, 심은 그것보다 더 많이 거둠, 넷째, 전이되어 거둠(창26:12~13) 이것은 성경적 원리이다. 따라서 '드림'과 '나눔'은 하나님 앞에서 우리가 마땅히 해야 할 일임과 동시에 상급이 있는 특권임을 격려한다〈출처: 스텐& 린다톨러『드림의 비밀』〉.

◆ 암송 구절

"각각 그 마음에 정한 대로 할 것이요, 인색함으로나 억지로 하지 말지니 하나님은 즐겨 내는 자를 사랑하시느니라"(고후9:7)

예수님은 제자들과 함께 유월절을 지내면서 "나를 기념하라"(고전11:24)라고 하셨다. 기독교는 기념하는 종교이다. 우리가 기념해야 하는 것은 '구원'의 은혜에 '감사'하는 것이다. 그리고 감사에 순응하는 우리의 행함은 '헌신'의 삶으로 나타나야 한다. 그런데 우리는 십자가를 단지 죄에서 구원한 사건으로만 기억하는 경향이 있다. 안타깝게도 우리 그리스도인들이 구원을 값없이 은혜로 받았다는 것에 안주하여 염치없이 감사와 헌신을 잊어버리고 산다. 즉, **"구원 이후에 잠든 영혼"**으로 살고 있다는 것이다.

전도서를 통해 주목할 것은 '부'가 하나님의 축복을 증거 하지 않는 것처럼, '가난'이 하나님의 저주를 증거 하는 것이 아니라는 점이다. 반대로 부자가 하나님을 떠나며 가난한 자가 그분께 가까이 다가갈 수 있다는 가설 또한 성경적 규정은 아니다. 중요한 것은 하나님은 우리에게 필요한 것을 공급하시는 분이며 '부'는 그분의 선물이다. 이것은 자신의 필요에 만족하며 나머지는 목적 있는 구제와 선교 그리고 나눔과 베풂의 한 도구로 사용하여야 함을 가르치신다. 또 누가복음은 하나님이 부여하신 재물을 어떻게 사용하여야 하는가에 관심이 많았다. 이 말씀 속에서는 하나님을 경외하는 자에게 '부'란 두 단계의 의미를 지닌다고 보았다. 첫째는 믿음의 반응이고, 둘째는 믿음을 따라 부를 처리하는 순종의 마음이었다. 즉 나눔과 섬김과 베풂 그리고 하나님께 되돌려 드리는 것에 관한 뜻이 담겨 있다.

부나 가난이 극단에 처하는 것은 복이 될 수 없고, 좋은 결과를 얻을 수도 없다. 예수님은 드려진 돈의 양으로 희생이나 관대함을 평가하지 않으시며, 가진 돈이나 투자한 돈의 양으로 부나 재물을 평가하지 않으셨다. 온전함과 진정성이 담긴 헌신적인 마음을 보신다. 베푸는 삶은 소유에 대한 집착으로부터 우리를 자유롭게 해 주고, 날마다 하나님을 영적인 관점에서 바라볼 수 있도록 도와준다. 나아가 자신의 삶을 통제하려는 욕심을 내려놓고 그 삶을 살아계신 하나님께 되돌려 드리는 순종의 실천적 행위이다. 이 고백은 믿음으로 하나님을 신뢰하되 그 결과는 하나님의 손에 맡길 준비가 되어 있음을 삶의 영성으로 증거하는 것이다.

◆ **들어가는 길목에서**

1. 우리 사회가 드림과 나눔에 인색한 이유는 무엇 때문이라 생각하십니까?

2. 여러분은 드림과 나눔에 관해 실천해 본 적이 있습니까? 어떤 마음으로 하나요?

3. 하나님이 더 많은 재물을 주실 때 '이것이 축복이야!'라고 생각하는가? 아니면 '이것은 테스트(훈련)이야!'라고 생각하는가? 어느 것이 더 성경에서 말하는 생각일까요?

삶의 영성과 재정

드림(되돌려드림)

그리스도인은 '드리는' 사람이고, '섬기는' 삶이다. 드리는 행위는 내 삶의 주인이 자신이 아니라 하나님이신 것을 생생하게 확인시켜 준다. "내가 중심이 아니라 하나님이 중심이십니다. 주님이 나를 위해 존재하는 것이 아니라 내가 주님을 위해 존재합니다."라고 고백하는 것이다. 이러한 드림의 고백은 우리를 자신의 노예로 만들려는 맘몬의 사슬로부터 단호하게 거부하는 선포이다. 우리 대부분은 자신이 무엇인가를 움켜쥐고 있으면 내가 그것을 소유하고 있다고 믿는다. 그러나 그것을 부인하고 드리게 되면 부와 함께 따라오는 권력과 명성도 섬김을 위한 도구로 사용하게 되고 하나님이 주인이시고 나는 청지기이며, 다른 사람들은 내가 돕도록 주께서 맡기신 존재임을 깨닫게 된다. 이와 관련하여 로버트 제프리스는 "복종하는 마음으로 물질을 드리면 하나님은 그것을 금으로 여기신다. 하지만 다른 사람들에게 우리가 관대한 사람이라는 것을 보여 줄 생각으로 물질을 드리면 하나님은 그것을 짚으로 여기신다. 다른 사람에게 복음을 전하든, 선교여행을 가든, 낯선 사람을 접대하든 동기가 중요하다."

라고 했다. 솔로몬 또한 "사람의 행위가 자기 보기에는 모두 깨끗하여도 여호와는 심령을 감찰하시느니라"(잠16:2)라며 드림의 온전성을 말하고 있다.

> "그러므로 때가 이르기 전 곧 주께서 오시기까지 아무것도 판단하지 말라 그가 어둠에 감추인 것들을 드러내고 마음의 뜻을 나타내시리니 그때에 각 사람에게 하나님으로부터 칭찬이 있으리라"(고전4:5)

'드림'에 대해 사도바울은 고린도후서 8~9장에서 몇 가지 '보편적인 원칙'을 세웠다.

첫째는 '자신의 형편에 맞게 드려야 한다'라는 것이다.

이 뜻은 빚을 내면서까지 구제나 드림을 하지 말라는 것으로 대출이나 저당 잡혀서 십일조와 헌물을 내는 것은 온전한 되돌려 드림이 아니다. 그것은 자신을 위해 미리 당겨쓰고 난 뒤 하나님의 것이 모자라 대출을 받아 내기 때문이다. 그러기 이전에 소득의 십일조와 작정한 헌물은 우선 먼저 분리해야 한다. 왜냐하면 십일조와 헌물은 주인이신 하나님께 수확의 첫 번째 것을 하나님 몫을 되돌려 드리는 신앙고백이기 때문에 엄밀히 '지출의 개념'이 아니다.

둘째는 '드림의 분명한 목적이 있어야 한다'라는 점이다.

개인 또는 교회나 단체가 행하는 드림의 방향과 목적이 성경적이고 전략적으로 분명한가를 확인해야 한다.

셋째는 '있는 대로 하라'는 것이다.

자신의 형편과 처지에 맞게 해야지 남의 눈치나 채면 때문에 억지로 하지는 말라는 의미이다. 또한 드릴 때는 보상을 기대하면 안 된다. 그 이유는 하나님께서는 후히 베푸는 자들을 향해 다양한 방법으로 축복하심을 약속하고 계신다. 보상은 세상에서보

삶의 영성과 재정

다 하나님이 더 귀하고 값진 것으로 우리에게 상급으로 갚아 주신다는 약속이다.

1) 십일조와 헌금

● 십일조의 의미와 용도

하나님과 언약을 맺으므로 시작되는 십일조는 의무가 되었지만, 시간이 흐름에 따라 수많은 변화가 생겼다. 십일조의 일차적인 기능은 하나님께 예배 사역을 하는 자들, 주로 레위인을 부양하는 것이었다(민18:21~24; 느10:37). 그리고 그들이 받은 '십일조의 십일조'를 제사장들에게 양도해야 했다(민18:25~29; 느10:38). 또 다른 기능으로는 다양한 계층의 가난한 사람들을 부양하기 위해 사용되었다. 여기에는 레위인도 포함되고, 또한 종교적인 종사자들이 아닌 가난한 사람들이 포함되었다(민26:12~14). 이러한 십일조가 초기에는 서원의 성취에 대한 제물로 드려졌다(창28:22)고 기록되어 있다. 그러나 보다 근본적으로는 소산물의 십 분의 일이 하나님의 것으로 따로 떼어져야 한다는 것이 성경적 가르침이다(레27:30).

왜냐하면 십일조의 주된 목적은 공급자이신 하나님께 대한 은혜와 감사가 그리스도인들의 생활에 일상이 되어야 하기 때문이다. 즉 예수 그리스도의 구원과 일상에서 베푸시는 하나님의 긍휼과 은혜에 대한 감사의 표시이다. 특히 십일조는 주인이신 하나님께서 주신 모든 은혜에 감사하는 표현이자 주인의 것을 마땅히 되돌려 드리는 신앙고백인 것이다. 따라서 십일조는 자원하는 마음과 감사의 도리로 기쁘게 드려야 하는 그 정신에서 찾아야 한다. 그래서 고린도후서9:7에서는 "즐겨 내는 자를 기뻐하신다"라고 했다. 그렇다고 나머지 10분의 9를 마음대로 써도 된다는 뜻은 아니다. 우리는 하나님의 청지기이다. 따라서 10분의 9도 주인의 뜻에 맞게 사용해야 할 책임을 가진다. 그것이 청지기 정신이다.

☞ **율법은 은혜 안에 포함된 것이지 별개로 구분되는 것이 아니다.**

● 연보(Collection)

연보(헌금)에 관해 구약에서는 성전에 바치는 성전세의 의미로 쓰였으며(대하34:9,14), 신약에서는 기근으로 인하여 곤궁에 처한 예루살렘 성도들을 돕기 위한 이방인 교회의 부조를 가리키는 말로 사용되었다. 연보가 담고 있는 의미는 "기쁨으로 드린다."(고후8:2), "좋은 모금"(고후9:5), "교제"(고후9:13) 등이다. 바울은 연보가 하나님 은혜의 결과로 드려지는 것임으로 억지로나 인색함으로 하지 말 것을 당부하고 있다(고후9:5,7; 몬1:14).

※ 헌금을 드릴 때 마음가짐

- 은밀하게 드려라.
- 대가를 바라지 않고 드려라.
- 능력에 맞게 드려라.
- 순수한 마음으로 드려라.
- 규칙적으로 드려라.
- 즐거운 마음으로 드려라.
- 아낌없이 드리길 당부하고 있다.

그러나 아나니아의 연보는 성령의 감동으로 된 것이 아니라 자신의 영광을 추구하기 위한 것이었다. 그것은 교회 안에서 유력한 사람으로 칭찬받고 싶은 위선에 가득찬 행위였다. 이 사건은 바나바의 자발스럽고 헌신적인 연보(행4:36~37)와 대조를 이룬다.

☞ **그리스도의 기준과 우리의 기준은 얼마나 다른가! 우리는 얼마나 많이 드려야**

삶의 영성과 재정

하는지를 묻지만, 그리스도는 우리가 얼마나 많이 가지고 있어야 하는지 물으신다(앤드류 머레이).

섬김

구약에서 **'섬김'**의 뜻은 대부분 아론계통의 제사장들이 제물을 드리면서 행하는 일들(출28:43; 신17:12; 대상16:37)과 레위 자손들이 제사장을 돕는 일(민3:6, 18:2), 그리고 레위 자손들이 하나님 앞에 봉사하는 행위(신10:8; 대상15:2; 렘33:21~22)들로 기록되어 있다. 창세기 18:1~8에서는 구약에서 성육신하신 하나님의 놀라운 표적을 기록하고 있다. 마므레 상수리 수풀이 있었던 헤브론 땅은 매우 더운 곳으로 아브라함은 자신을 방문한 그들이 하나님과 천사라는 사실을 처음엔 알지 못하고 자신과는 아무런 이해관계가 없는 세 사람을 향해 그저 나그네에게 하듯 사랑으로 베풀었다. 베푸는 자의 섬김으로 몸을 땅에 굽혀(2절) 주께 하듯 존칭을 사용하고 있다. 여기서 아브라함은 자신의 장막을 방문한 나그네를 대접하였다가 뜻밖에 하나님을 만나게 되었다. 이처럼 남을 대접하는 마음 가운데 우리는 주님을 영접하는 영광을 얻을 수 있다. 평소 하나님을 향한 준비된 섬김의 마음 자세를 볼 수 있는 믿음이다.

만약 주님에 의해 보냄을 받은 우리가 접대와 환영을 받는다면 그들이 우리를 통해 주님께 드려지는 것이다. 우리 또한 방문한 나그네를 기꺼이 순종으로 대접한다면 그들을 통해 우리가 주님께 드려지는 것이 된다. "그는 종일토록 은혜를 베풀고 꾸어주니 그 자손이 복을 받는도다"(시37:26). 이러한 섬김의 유익함은 주님의 때에 주님의 방법으로 물질적인 증거를 주신다(잠11:24~25). 또한 하늘나라에 상급도 쌓으며 주님과의 관계가 더욱 친밀해질 수 있다(마6:21). 나아가 섬김을 통해 인격이 성숙되며 인생이 하나님의 형상 회복으로 진보되어 간다. 이렇듯 하나님께서 베푸는 자에게 복을 주시는 이유는 우리의 필요를 채워주시는 분이 주님이심을 알게 하기 위함이다.

신약에서 **'섬김'**은 그리스도인들의 봉사행위를 표현하는 데 사용되었다(행13:2). 즉 그리스도인들이 다른 그리스도인들을 물질적으로 돕는 행위(빌2:25; 롬15:27; 고후9:2), 이방인들을 위한 사도적 봉사(롬15:16), 하나님을 섬기는 특별한 행위(요16:2; 롬1:9; 히9:14) 등으로 묘사되어 있다. 섬김과 섬기는 자(디아코니아: 봉사, 직무)는 직분자를 표현하는 데 사용되기도 했지만, 그러나 일반적으로 이 용어들은 복음을 전하는 자(행1:25, 6:4, 20:24; 고후3:6; 골1:23,25)와 이웃을 방문하여 필요한 것들을 공급하고(마25:44), 남을 가르치고(딤전4:6), 하나님께서 각 개인에게 주신 특별한 은사들을 행하는(골4:17) 섬김과 전반적인 교회의 사명(엡4:12)과 헌신을 의미하였다. 그 외에도 물질의 필요를 채워 주거나(눅8:3) 손님을 대접하는 행위(눅10:40)에도 적용되었다.

> "너희 소유를 팔아 구제하여 낡아지지 아니하는 배낭을 만들라 곧 하늘
> 에 둔바 다함이 없는 보물이니 거기는 도둑도 가까이하는 일이 없고 좀
> 도 먹는 일이 없느니라"(눅12:33)

이처럼 섬김은 우리 인생의 목표, 재물, 지식, 시간 등 하나님으로부터 위임받은 달란트를 완전하게 연소시키는 최고의 표현이 된다. 이는 죽을 만큼 하나님의 일을 사랑하므로 **'영적 실업자'**가 되지 않는 삶의 실천행위가 된다. "거룩한 처소에 계신 하나님은 고아의 아버지시며 과부의 재판장이시라"(시68:5) 말씀에서처럼 은혜와 깨달음을 받은 조지 뮬러는 평생 고아를 위해 섬기고 베풀었다. 그는 평생 자신의 마음과 힘, 자신의 땀과 눈물, 자신의 모든 것을 내어주면서 행복을 느끼는 삶을 살았다.

나눔(베풂. 구제)

1) 관념적 구원을 가진 자의 모습

성경 마가복음19:16~22에 나오는 부자 청년의 관심사는 참으로 '선한 것'이 무엇인가를 알고 싶은 것이 아니라 사람 대부분을 '만족하게 해주는 것'이 무엇인가를 알고 싶었던 것이다. 즉 자기만족과 관심사에 대한 동의를 구하고 있었다.

본문 구절을 이렇게 한번 풀어 보면 어떨까?

> "…살인하지 말아라. 간음하지도 마라. 그리고 거짓 증거하지 말며 네 부모를 공경하라. 특히 네 이웃을 너 자신과 같이 사랑하고 있니? … 그런데 너는 이 모든 것을 다 지켰다고 거짓말하는구나. 그렇다면 어디 네가 가진 모든 소유물을 팔아 너보다 가난한 자들에게 나누어줘 보아라"

하지만 청년은 주님으로부터 구원에 대한 가르침을 배우고서도 그 가르침을 마음에 새기려고도 실천하려고도 하지 않았다. 오히려 탐욕에 사로잡혀 있는 자신의 위선적 모습만 드러나게 되었음을 알고 심란한 마음으로 슬퍼하며 떠나가 버렸다는 사실로 기록하고 있다. 부자 청년은 영원한 생명에 대해 질문했지만 정작 이 세상의 즐거움으로부터 그것을 찾으려는 자신을 드러내고 말았다. 이 부자 청년을 통해 확인된 명백한 사실은 그는 주님이 말씀한 선한 계명을 절대로 지키지 않았다는 것이다. 이웃을 내 몸과 같이 사랑했고, 도둑질하지 말라고 하신 말씀을 지켰다고 말한 것은 거짓임이 드러났다. 왜냐하면 이것을 지켰다면 그가 어떻게 그렇게 많은 재산이 있을 수 있단 말인가?

만일 부자 청년이 헐벗은 사람들에게 입을 것을 주었다면, 굶주린 이들에게 먹을 것을 주었다면, 모든 낯선 이들에게 대문을 활짝 열었다면, 고아들에게 부모가 되어 주었다면, 모든 절망하는 이들의 고통을 자신의 고통으로 여겼다면, 무슨 돈이 부자 청년에게 남아 있을 수 있었겠으며, 또 돈을 잃어버렸다고 슬퍼할 수 있겠는가? 결국 부자 청년은 주님 앞에서 거짓말을 한 것이다. 예수님은 부자 청년이 거짓말을 한다는 사실을 이미 알고 계셨다. 하지만 부자 청년에게 먼저 선한 것을 지켰는가를 청년의 양심에 묻고 난 뒤 청년이 정색하며 대답하는 위선적인 모습에서 거짓말을 하고 있다는 사실을 소유의 문제로 정곡을 찌른 것이었다. 이에 부자 청년은 근심함과 부끄러움으로 물러날 수밖에 없었다⟨출처: 대 바실리우스, 『네 곳간을 헐라』⟩.

이처럼 관념적인 구원을 가진 사람은 거짓말쟁이가 되기 쉽다. 이유는 주관적 관념이 실천으로 진행되지 않을 때 관념적 정의는 변절하기 쉽기 때문이다. 그런 면에서, 부자 청년은 주관적인 관념주의자였다고 할 수 있다. 이렇듯 관념주의자는 삶이 양심적 증거(롬2:12~15)가 되기 힘든 것이다.

2) 나눔은 성화의 길을 실천하는 삶

사람은 단식과 기도, 탄식과 온갖 경건한 신앙생활은 다 하지만 자신의 재산을 나누는 일, 즉 자신에게 아무런 이득이 되지 않으면 고통받는 사람들에게 단돈 한 푼도 주지 않는 경우가 허다하다. 그렇다면 이런 사람들이 행하는 조건적인 나눔이 그들에게 무슨 이득이 있을까? 하나님 나라는 단호하게 그런 사람을 받아들이지 않는다.

> "낙타가 바늘귀로 들어가는 것이 부자가 하나님 나라에 들어가는 것보다 쉬우니라 하시니"(눅18:25)

삶의 영성과 재정

'나눔'은 거룩하신 하나님을 닮아가는 '거룩의 재발견'으로 확인된다. 하나님은 거룩하신 분이기 때문에 그분 앞에서는 우리의 죄가 드러나게 되며 그러한 우리를 위해 주님은 화평의 마음으로 용서와 사랑을 표현하시는 분이다. 그러므로 나눔의 행위는 예수 그리스도를 통해 구원의 확신을 가진 자들이 마땅히 행하여야 하는 거룩함을 향한 실천행위이다. '나눔'을 통해 우리는 하나님과의 관계가 친밀해진다. "네 이웃을 사랑하라"라는 명령은 "주 너희 하나님을 사랑하라"라는 말씀과 분리될 수가 없다(마 22:37~39)는 말씀이 이를 뜻한다.

'영원의 관점으로 살아가는 청지기'가 나눔으로 즐거움에 참여하는(마25:21) 복을 누리게 되고 예수님의 칭찬을 받게 된다는 것은 이 때문이다. "여기 내 형제 중에 지극히 작은 자 하나에게 한 것이 곧 내게 한 것이니라"(마25:40). 그렇다. 나눔을 통해 우리는 그리스도의 몸을 세운다(행4:32). 주님께서 우리에게 넉넉히 부어 주시는 것은 축복의 통로로 마중물이 되게 하심이다. 그 소명을 받아 연약한 지체들을 세우는 데 온 힘을 다해 온전히 그리스도의 사랑을 이루라는 것이 그분의 지상명령이다.

> "이제 너희의 넉넉한 것으로 그들의 부족한 것을 보충함은 후에 그들의
> 넉넉한 것으로 너희의 부족한 것을 보충하여 균등하게 하려 함이라"(고
> 후8:14)

또한 주기도문에서 '일용할 양식'은 우리에게 '필요한 것'에 해당하는 것이지 우리의 욕망이 채워지는 '원하는 모든 것'을 획득하는 개념이 아니다. 출애굽기16:12~27에서 하나님이 공급하시는 일용할 양식에 대해 이스라엘 백성들이 욕심 있는 마음과 행위를 보시고 28절에서 "여호와께서 모세에게 이르시되 어느 때까지 너희가 내 계명과 내 율법을 지키지 아니하려느냐"라며 질타하고 계신 데서 잘 나타난다. 우리 욕심의 절제는 나눔으로 성화의 길을 실천하고 이는 그리스도의 몸을 세우는 것으로 칭찬받

는다는 사실을 명심하자. 또한 나눔으로 우리 삶의 영혼이 풍요로워지며 나눔은 미리 하늘나라에 쌓는 상급이 된다.

> "선을 행하고 선한 사업을 많이 하고 나누어주기를 좋아하며 너그러운
> 자가 되게 하라 이것이 장래에 자기를 위하여 좋은 터를 쌓아 참된 생명
> 을 취하는 것이니라"(딤전6:18~19)

☞ **재물은 단지 사람의 삶을 돕기 위해 존재하는 것이다. 사악한 짓을 저지르라고 주어진 것이 아니라 재물은 영혼을 위한 몸값이다**(바실리우스).

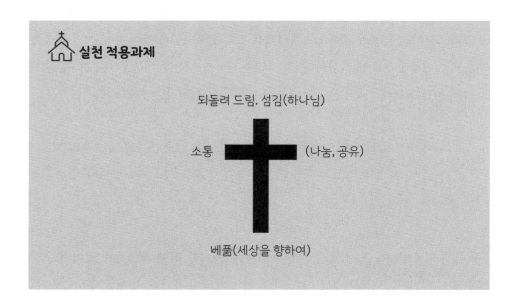

📖 **질문을 통한 나눔**

1. 다음 말씀 구절을 통해 '섬김'에 대한 의미를 정리해 보세요.

   • 출28:43

   • 민3:6

   • 신10:8

   • 신17:12

   • 대상15:2

   • 대상16:37

   • 렘33:21~22

2. 섬김을 통해 하나님께서 우리에게 약속하신 복은 어떤 것일까요?

   • 시37:26

• 잠11:24~25

• 마6:21

3. 섬김의 다양한 형태를 말씀을 통해 나눠 보세요.

• 마25:44

• 행6:4

• 행20:24

• 롬1:9, 15:16, 27

• 고후3:6

• 빌2:25

• 골1:23, 4:17

• 딤전4:6

• 엡4:12

4. 그리스도인은 '드리는' 사람이고, '섬기는' 삶이다. 이 중 드리는 행위는 나의 삶의 주인이 내가 아니라 하나님이신 것을 생생하게 확인시켜 준다. "내가 중심이 아니라 하나님이 중심이십니다."고백하는 신앙의 행위이다. 여러분은 무엇으로 하나님과 세상을 향해 드리고 있습니까?

5. 십일조를 드립니까? 여러분에게 십일조는 어떤 의미로 받아들이고 있습니까?

6. 본문 '나눔' 부분에서 나오는 부자 청년의 예를 자신과 비교하여 함께 나눠 보세요.

7. "재물은 영혼을 위한 몸값이다"라는 바실리우스의 말이 여러분에게 어떤 교훈을 준다고 생각합니까?

안식과 일 그리고 은퇴

◆ 목표

성경에서 **'일'**에 대한 기원은 하나님의 **'창조의 꿈'을 실제로 실현시키면서** 시작된다
(창1:1). 그리고 '하나님의 일'은 지금껏 인간의 구원과 우주의 완전한 회복을 포괄하며
진행하고 계신다(롬8:19~22). 그중 사람의 '일'은 먼저 하나님 안에서 **'안식'**을 통해 시작
되었음을 성경은 말씀하고 있다. 성경에서 안식은 하나님께서 일을 마쳐서 쉬는 것이
아니라 만족함을 표현하신 것으로 이는 일(경영)을 위한 완전한 준비를 뜻한다. 하나님
이 자신의 형상과 모양대로 사람을 창조하시고 사람으로 하여금 모든 것을 다스리게
하신 이유는 사람에게 하나님의 품 안에서 안식 후 일을 통해 하나님의 영원한 계획
을 표현하고자 하셨기 때문이다(창1:26). 그리고 **'은퇴'**에 관하여 성경 어디에도 그리스
도인에게는 적용이 되지 않음을 기록하고 있다.

"이미 그의 안식에 들어간 자는 하나님이 자기의 일을 쉬심과 같이 그도 자기의 일을 쉬느니라"(히4:10)

"누구에게서든지 음식을 값없이 먹지 않고 오직 수고하고 애써 주야로 일함은 너희 아무에게도 폐를 끼치지 아니하려 함이니"(살후3:8)

"하나님이여 내가 늙어 백발이 될 때도 나를 버리지 마시며 내가 주의 힘을 후대에 전하고 주의 능력을 장래의 모든 사람에게 전하기까지 나를 버리지 마소서"(시71:18)

◆ 길라잡이

　스위스의 정신의학자이며 상담가인 폴 트루니에는 그의 저서 『현대인의 피로와 휴식』이라는 책을 통해 "우리가 많은 피로를 느끼는 것은 몸의 완력을 많이 써서 그런 것이 아니라 인간관계 속에서 정신적 에너지를 너무 많이 썼기 때문이다"라고 했다. 창세기 1장과 2장에 기록된 하나님이 쉬시고 제정하신 일곱째 날, 안식일의 기원은 창조된 인간에게는 첫째 날이었음을 알 수 있다. 즉 인간은 창조된 다음 날 안식의 상태에 들어갔다. 이와 같이 인간을 위한 안식은 창조 때부터 나타나는 하나님의 계획과 뜻으로 신약시대에 와서는 예수 그리스도에 의해 영원한 영육 간의 안식으로 그 형태가 바뀌었다. 하나님은 오늘날 우리에게도 일보다 먼저 창조 때 계획하신 그 안식에 들어가길 원하신다. 그러나 우리 그리스도인들이 그 약속을 믿지 않거나 등한시함으로써 그리스도 안에서의 진정한 안식의 쉼에 이르지 못하고 있다.

또한 하나님은 우리 모든 삶의 영역에서 함께 '일'하신다. 따라서 일터와 가정에서 그리스도인들의 역할과 기대효과는 엄청난 것이다. 우리는 하나님의 형상대로 창조되었고(창1:27), 하나님의 DNA(생령)를 받아 살아가는 자들이다. 이는 하나님을 반사하는 삶을 살며 그분의 영광을 드러내어야 하는 존재라는 뜻을 담고 있다. 우리가 하나님의 형상이라면 그분처럼 일해야 하며, 하나님은 일을 통해 하나님의 성품을 키우게 하시고, 가족의 필요를 풍족하게 채우시길 원하신다. 무엇보다 우리에게 하늘나라에 상급을 쌓는 동기부여를 일을 통해 허락하고 계신 것이다. 나아가 우리가 열심히 일하는 모습을 세상에 보여 주어 그리스도인이기에 더 정직하고, 더 관대하고, 더 친절하고, 더 희생적이라는 모본을 보여 주길 원하신다.

◆ 들어가는 길목에서

1. 여러분은 '휴식'과 '일' 중 어느 것에 더 집중합니까?

2. 삶에서 '일'은 여러분에게 어떤 의미가 있게 합니까?

3. '은퇴'란 단어가 여러분에게 주는 영향은 어떤 것이 있습니까?

4. 지금 '은퇴' 준비는 어느 정도 구체적으로 진행하고 있습니까?
   (그리고 은퇴 이후 무엇을 계획하고 있습니까?)

안식(安息: 하나님이 인간에게 주신 최초의 복은 '안식의 복')

1) 안식의 개념

"하나님이 자기 형상 곧 하나님의 형상대로 사람을 창조하시되 … 하나
님이 그 지으신 모든 것을 보시니 보시기에 심히 좋았더라 저녁이 되고
아침이 되니 이는 여섯째 날이니라"(창1:27~31)

오늘날 사람은 소유의 욕심으로 인하여 죄를 짓게 되었고(창3:5), 사람들은 세상의 진
보를 '문명'이라는 이름으로 규정하고 인간의 보편적 가치를 '행복의 추구'로 합리화시
키면서 하나님이 뜻하신 방향대로 살아가는 것을 외면하였다. 즉 하나님이 사람에게
주신 최초의 복인 쉼(안식)의 복을 상실한 것이다. 이러한 현실은 오늘날 구원 이후에
도 사람은 하나님 나라의 회복으로 되돌아가기는커녕, 더욱 인간의 욕망이 팽창해가
는 창조 질서의 파괴과정 속에서 확인할 수 있다.

지금 우리는 '큰 것'에 열광하고 '빠른 것'을 맹신함으로 마치 경쟁력 비교우위가 인간 행복 추구인 양 착각하고 산다. 하지만 성경은 처음부터 다르게 말씀하고 계신다. 하나님은 왜 인간을 첫째 날에 지으시지 않았을까? 하나님의 사람 창조와 축복의 계획은 창세기1:27에서 확인할 수 있다. 여기서 사람이 하나님의 형상대로 지음 받았다는 의미는 인간의 육체적인 구조에 대한 언급이 아니라 생령을 받은 자(창2:7)로서의 영적·도덕적 본성을 뜻한다. 생령을 부여받은 것은 사람이 하나님을 인식하고 교제할 수 있도록 하나님의 품성으로 지음 받았음을 뜻한다. 이와 같은 계획은 '칠 일째' 되는 날, 안식을 통하여 더욱 구체적으로 하나님 창조의 목적과 향후 계획들에 관해 말씀하신 것에서 나타난다. 이렇듯 하나님의 안식은 피곤해서 중단하신 것이 아니라 일을 마치고 기쁜 마음으로 미래의 경영을 꿈꾸셨음을 의미한다. 그리고 그 형상대로 지음 받은 사람에게도 그대로 적용되길 원하셨다.

"여호와여 내 마음이 교만하지 아니하고 내 눈이 높지 아니하오며 내가
큰일과 감당하지 못할 놀라운 일을 하려고 힘쓰지 아니하나이다 실로
내가 내 영혼으로 고요하고 평온케 하기를 젖 뗀 아이가 그의 어머니 품
에 있음 같게 하였나니 내 영혼이 젖 뗀 아이와 같도다"(시131:1~2)

하나님은 **'안식'**을 통하여 사람에게 다음의 교훈 일곱 가지를 말씀하고 계신다.

(1) 사람과 만물의 주인이신 하나님에 대한 재인식
(2) 하나님의 품성을 전수 받음
(3) 안식을 통해 사람들의 영적 생활을 위한 시간 보장
(4) 물질에 대한 탐욕을 억제
(5) 하나님만을 위하여 영원의 관점으로 살아가는 청지기 직의 가르침
(6) 안식은 일에 대한 탐욕으로부터 보호하시려는 하나님의 의도

삶의 영성과 재정

(7) 창조에 대한 만족과 즐거워하심

"하나님이 지으신 모든 것을 보시니 보시기에 심히 좋았더라"(창1:31)

이렇듯 하나님과의 연합(소통)은 먼저 안식을 통한 하나님의 성품, 즉 안식을 통하여 창조주 경영의 뜻과 계획을 품는 것으로부터 시작하길 원하셨다. 이는 맡기신 창조의 피조물들을 사람이 하나님의 품성으로 다스리고, 창조의 질서를 유지하고, 관리·보존하는 청지기로 부름 받았음을 뜻한다.

● 육체의 안식

"엿새 동안은 일할 것이요 일곱째 날에는 쉴 안식일이니 성회의 날이라 너희는 아무 일도 하지 말라 이는 너희가 거주하는 각처에서 지킬 여호와의 안식일이니라"(레23:3)

"너희는 따로 한적한 곳에 가서 잠깐 쉬어라"(막6:31)

● 영혼의 안식

"그가 나를 푸른 풀밭에 누이시며 쉴만한 물가로 인도하시는도다"(시23:2)

"내 영혼아 네 평안함으로 돌아갈지어다 여호와께서 너를 후대하심이로다"(시116:7)

● 안식을 방해하는 것

하나님의 말씀을 거역하고 듣지 않거나(사28:12) 악한 일을 행함으로 평온을 얻지 못하는 자(사57:20), 하나님을 불신하는 자(히3:19)는 주님으로부터의 평강을 누리지 못하고 늘 조급하고 불안한 생활을 하게 된다.

2) 일 → 쉼(안식)에서 쉼(안식) → 일

> "이르시되 너희는 따로 한적한 곳에 가서 잠깐 쉬어라 하시니 이는 오
> 고 가는 사람이 많아 음식 먹을 겨를도 없음이라"(막6:31)

열심히 땀 흘려 일하는 것은 고귀한 것이다. 그러나 휴식 또한 재충전을 위해 그에 못지않게 중요하다. 주님은 이런 휴식의 필요성을 말씀하고 계신다. 쉼의 영성은 사람을 떠나 한적한 곳에 머물러 육신의 휴식을 도모함과 아울러 영적인 긴장감(재충전)을 채우는 훈련을 요청한다. 지금이라도 우리가 창조 섭리의 첫 번째 축복인 "쉼의 정신"으로 조용한 침묵의 시간과 여백의 질서를 준비하며 우리의 시간을 주님 앞에서 지속적으로 되돌아본다면, 우리는 삶에 대한 자족과 범사에 감사를 일상화할 수 있을 것이며, 잘못한 부분에 대해서는 반성과 회개도 가능할 것이다. 또한 쉼(안식)을 통해 에너지를 재충전시킴으로써 건강한 미래를 만들어 갈 수도 있을 것이다. 이렇게 '쉼'(안식)은 삶의 영성을 늘 새롭게 설계하는 축복이 된다.

● 쉼은 곧 예배

'쉼'(안식)은 창조 질서에 순응하는 축복의 시간 '거룩함을 재발견'하는 시간의 실마리가 되고, 이러한 안식은 '예배'와 연결된다. 참되고 진정한 예배는 우리 영혼 깊은 곳에(찬412장) 하나님의 임재를 통한 은혜와 평안을 제공한다. 그래서 이날은 복된 날이 되는 것이다. 출애굽기31:17에서 '쉬셨다'라는 표현은 히브리어로는 '뱌인나파쉬' 즉

'성령(네페쉬)이 임하셨다'(뱌인)라는 뜻인데, 이는 광의적인 쉼(안식: 샤바트)의 개념으로 예배를 통해 새로워짐의 날이 되는 것을 의미한다. 또한 그리스도인에게서 안식은 은혜와 깊은 연관이 있다. 그리스도의 은혜는 구원받을 때뿐 아니라 구원받은 후의 삶에서 더욱 필요하다. 그 이유는 자신의 행위에 의한 메마른 삶이 아니라, 예수 그리스도 안에서 그의 은혜로 풍성함을 누리는 '안식의 삶'이 되기 때문이다(요1:16).

● 쉼의 자세

우리가 '하나님의 일'을 하는 데 있어서 무엇보다도 먼저 취해야 할 중요한 것은 안식하는 자세이다. 즉 하나님의 일을 하기에 앞서 그의 품 안에서 평안히 쉬는 것이다. 예수님은 그가 택하신 제자들에게 40일 동안 하나님 나라의 일을 준비시키시면서 아버지께서 약속하신 것을 기다리라(행2~4)고 하셨다. 이는 일(사역)에 앞서 준비(기다림)가 먼저임을 가르치신 것이다. 이때의 쉼(안식)은 영적인 긴장을 요구한다. 고요 속에 말씀과 기도 그리고 묵상을 통한 영적인 지혜의 얻음과 분별력을 가져야 함을 뜻한다. 만약 하나님의 일을 함에 있어 안식하지 못하고 행할 때는 이는 자신의 수고가 욕망을 위해 행하는 것이 됨으로써 결국 일을 통하여 자신의 야망과 교만의 본성을 드러내는 결과를 초래한다. 그러나 하나님의 안식 가운데서 그의 능력을 힘입어 일을 행할 때는 자신의 힘에 의한 일이 아니라 전혀 새로운 차원의 능력을 힘입어 일을 행하는 것으로 같은 목표 달성을 이루었지만, 그 일은 순전한 주님의 영광을 드러낸 결과로 나타날 것이다. 하나님은 이처럼 안식을 통하여 인간을 잠잠케 하시고 직접 나타나 우리를 통해 역사하심으로 영광을 홀로 받으신다. 사도바울은 이에 대해 하나님은 "만물 안에서 만물을 충만케 하시는 분"(엡1:23)으로 증거하였다.

☞ 안식일의 의미(3R): Reflection(되돌아봄)-Refreshment(새로워짐)-Recreation(새로운 창조)을 돌아보는 기쁨의 시간이다(리랜드 라이켄).

일(히: 마아세 헬: 에르곤)과 예배

1) 일(하나님의 창조물 발견과 경영)

여섯째 날에 창조된 인간은 하나님으로부터 다른 피조물들을 다스리는 직무를 위임받았다(창1:28, 2:15). 사람에게 최초의 '일'은 인간에게 내린 저주가 아니었다. 인간이 최초로 경험한 노동은 힘들고 고달픈 것이 아니라 창조 사역 안에 포함된 선한 것이었다(창1:26, 2:5). 일은 하나님께서 인간에게 맡기신 창조물을 신성하게 관리하고 다스리며 보존하는 청지기 적인 삶의 책임과 의무였다(창1:26~28).

또한 죄 이후에도 일은 일상적인 삶의 과정으로 간주된다(시104:23). 인류가 타락했다고 해서 타락 그 자체가 노동을 필연적으로 수반한 것은 아니다. 다만 타락 이후 노동은 수고와 고통이 따르게 되었다는 점이 다를 뿐이다(창3:16~19). 일에 관해서 성경은 항상 하나님의 일을 선한 것으로 묘사하는 한편, 인간의 일은 하나님의 뜻을 구하느냐 구하지 않느냐에 따라 선할 수도 있고 악할 수도 있다고 언급한다. 일반적으로 선한 일은 하나님의 은혜와 자비에 응답하여 반응을 일으키는 행동을 뜻하지만 악한 일은 하나님의 호의를 사려고 의도적으로 행하거나 하나님을 거절하고 육체를 따라 삶을 사는 자의 행동을 의미한다.

> "전에는 우리도 다 그 가운데서 우리 육체의 욕심을 따라 지내며 육체
> 와 마음의 원하는 것을 하여 다른 이들과 같이 본질상 진노의 자녀이었
> 더니"(엡2:3)

그중 성령의 열매를 맺는 일은 그리스도인으로서 의무와 경건의 행동, 즉 예수 그리스도를 믿는 믿음의 증거를 삶으로 표현하는 것을 말한다. 그러한 성령의 열매는 구

삶의 영성과 재정

원의 기초가 아니라 구원받은 자가 마땅히 해야 할 도리라고 가르친다(엡2:8~9). 야고보 또한 성령의 열매를 맺는 일은 구원받은 자의 증거 또는 구원으로부터 일어나야 하는 것으로 말한다.

> "이와 같이 행함이 없는 믿음은 그 자체가 죽은 것이라"(약2:17)

> "하나님이 능히 모든 은혜를 너희에게 넘치게 하시나니 이는 너희로 모든 일에 항상 모든 것이 넉넉하여 모든 착한 일을 넘치게 하게 하려 하심이라"(고후9:8)

이 세상에는 위대한 일도 없고 하찮은 일도 없다. 다만 위대한 사람과 하찮은 사람이 있을 뿐이다. 무슨 일을 하거나 그 일을 하는 사람이 어떤 마음으로 어떤 자세로 하느냐에 따라서 그 일이 귀한 일이 될 수도 있고 천한 일이 될 수가 있다. 다시 말해 일에 천한 일과 귀한 일이 있는 것이 아니라 일을 하는 사람이 그 일을 천하게 생각하는가 아니면 귀하게 생각하는가에 따라 그 일의 가치를 결정한다. 아무리 사소한 일이라도 전 존재를 몰입할 때 그 일은 거룩하게 된다. 그러므로 일을 어떤 마음으로 하느냐가 중요하다. 따라서 사람이 자기에게 주어진 일을 거룩하게 만들지 일이 사람을 존귀하게 만드는 것이 아니다. 이에 그리스도인에게 있어 노동은 경멸의 대상이 아니라 선하고 자랑스러운 것으로 되어야 한다(살후3:6~12).

> "이런 자들에게 우리가 명하고 주 예수 그리스도 안에서 권하기를 조용히 일하여 자기 양식을 먹으라 하노라"(살후3:12)

2) 그리스도인의 일

그리스도인에게 '일'이란 '하나님이 우리 안에서 행하여 이룸'이란 뜻이다. 즉 부름을 받은 자들이 하나님께 전적으로 이끌리어(taking), 그분의 뜻과 계획을 이루어 나가는 것을 말한다. 성경에서 **일하는 자**에 대한 표현을 선지자(창20:7), 제사장과 레위인(욜1:9), 사사(삿3:10), 말씀을 선포하는 자(행13:5) 등 여러 가지로 다양하게 표현하고 있다. **또 일하는 자의 자격**으로는 하나님의 기름 부음을 받은 자(출29:29), 하나님이 부른 자(마16:1; 눅6:13; 행13:2), 성령이 충만한 자(행1:8), 기도하는 사람(행6:4), 순복하는 자(행16:9), 믿음의 모본이 되는 자(딤4:12), 그리고 **일하는 자에게 주어진 임무**는 복음을 전하고(고전1:17), 교회를 세우고(엡4:2), 성도를 위해 기도(골1:9)하며, 가르치고 권면함(딤후2:2; 딛1:9), 남을 섬김(막10:43), 사랑의 실천(눅10:36)을 해야 한다고 말씀하고 있다.

이처럼 성경 속에서 일하는 자들의 역할들은 교회 일터에서만 국한된 것이 아니라 그리스도인이 삶의 일터에서 모본으로 행하여야 하는 자세임을 포괄하고 있다. 반면 그리스도인들이 피해야 하는 일의 자세로는 영권을 남용하여 자기주장을 하는 행동(벧5:3), 논쟁적이고 싸우는 행위(딛1:7), 진리를 왜곡하는 자들(고후11:3~15), 자신의 고집과 신념을 믿음이라고 주장하는 태도 등을 경고하고 있다. 이렇듯 일터에서의 일과 그것을 감당해야 하는 그리스도인의 본분은 그렇게 간단한 것이 아님을 성경 전체를 통해 말씀하고 있다.

● 일에 관한 하나님의 역할
  • 하나님은 성공의 주관자(창39:2~5)
  • 필요한 기술과 능력을 주심(출39:2~5)
  • 재능과 이해력(지혜)을 주심(출36:1~2)
  • 승진과 좌천을 주관하심(시75:6~7)

삶의 영성과 재정

● 일과 사업을 통한 하나님 나라의 확장

• 일반 그리스도인의 95%가 사업과 일터에서 삶의 모본을 요구함

• 일터는 선교의 마당, 기회, 소명, 삶의 영성 훈련장

• 일과 사업의 기름 부으심 (청지기의 수평적인 사역)

> "그가 어떤 사람은 사도로, 어떤 사람은 선지자로, 어떤 사람은 복음 전
> 하는 자로, 어떤 사람은 목사와 교사로 삼으셨으니 이는 성도를 온전하
> 게 하여 봉사의 일을 하게 하며 그리스도의 몸을 세우려 하심이라 우리
> 가 다 하나님의 아들을 믿는 것과 아는 일에 하나가 되어 온전한 사람을
> 이루어 그리스도의 장성한 분량이 충만한 데까지 이르리니" (엡 4:11~13)

● 일에 대한 자세

첫째, 일의 고귀함

하나님 앞에서 일한다는 마음을 가진다. 이는 '내가 주인이 아니고 청지기일 뿐이며 언제든지 주님 앞에서 결산할 수 있는 자세를 지녀야 한다'라는 올바른 방향을 세우게 한다.

둘째, 일을 통한 하나님의 성품 세우기

> "무슨 일을 하든지 마음을 다하여 주께 하듯 하고 사람에게 하듯 하지
> 말라 이는 기업의 상을 주께 받을 줄 아나니 너희는 주 그리스도를 섬기
> 느니라" (골 3:23~24)

우리의 일터는 일하는 데 필요한 '인내'와 '부지런함' 그리고 '정직'과 '절제' 등을 배우는 훈련장이다. 그러므로 일을 통해 하나님의 성품을 회복하고 하나님의 뜻과 비전을

함께 세우며 주의 영광을 나타내게 된다.

셋째, 일터에서의 의무와 권리

"누구든지 자기 친족 특히 자기 가족을 돌보지 아니하면 믿음을 배반한

자요 불신자보다 더 악한 자니라"(딤전5:8)

하나님은 최초의 공동체인 가정을 사랑하심으로 물질적인 필요를 채우고 가족의 부양과 즐거움을 나누기 위해 일을 통해 돈을 버는 것을 삶의 수단으로 말씀하고 계신다.

넷째, 선한 일에 힘쓰는 삶

"또 너희에게 명한 것같이 조용히 자기 일을 하고 너희 손으로 일하기

를 힘쓰라 이는 외인에 대하여 단정히 행하고 또한 아무 궁핍함이 없게

하려 함이라"(살전4:11~12)

우리 신앙과 삶의 모본이 세상 사람들에게 그리스도의 복음 증거의 증인이 되게 하시고, 또한 우리의 행위로 인해 세상이 하나님의 선하신 창조의 목적으로 회복되길 원하신다. 따라서 우리는 그리스도인이기에 더 정직하고, 더 관대하고, 더 친절하고, 그리고 더 오래 참고 관대한 마음으로 일을 해야 한다.

다섯째, 주님께 칭찬받는 삶(상급)

"도둑질하는 자는 다시 도둑질하지 말고 돌이켜 가난한 자에게 구제할

삶의 영성과 재정

수 있도록 자기 손으로 수고하여 선한 일을 하라"(엡4:28)

이 땅에서 살아가는 동안 하나님을 향한 마음은 우리가 원하는 복 때문이 아니라 영원한 나라의 상급을 바라보는 믿음과 순종의 행함을 목적으로 해야 한다. 우리의 일은 수고하여 일함으로 대가를 받고 그중 우리의 필요 소유를 채우고 나머지는 내 몸을 사랑하듯 내 이웃을 향한 사랑을 나누어야 하나님 보시기에 거룩한 행위가 된다. 일을 통해 수확을 나누는 것은 구원받은 자가 마땅히 해야 할 일이며, 자신을 위해 보물을 하늘에 쌓은 '영원에 투자하는 일'이다.

* 바울은 사도, 선지자, 복음 전하는 자, 목사, 교사의 은사는 오직 한 가지, 성도를 온전하게 하여 그리스도 예수 안에서 통일성을 갖게 하기 위함이다라고 했다.

그리스도(통일성)

사도, 선지자, 복음 전하는 자, 목사, 교사….
(일터에서 기름 부으심을 받은 자)

구원을 받았지만 멈춰 있는 자, 믿지 않은 자,
자신들의 목적에 그리스도를 이용하는 자

3) 기름 부음 받은 자의 소명

"그러나 너희는 택하신 족속이요 왕 같은 제사장들이요 거룩한 나라요 그의 소유가 된 백성이니 이는 너희를 어두운 데서 불러내어 그의 기이한 빛에 들어가게 하신 이의 아름다운 덕을 선포하게 하려 하심이라"(벧전2:9)

성령의 기름 부으심을 받은 모든 그리스도인이 왕 같은 제사장인 시대에 '기름 부으심'은 하나님의 능력이 우리를 통해 이루어져 나가는 것을 의미한다. 그러므로 하나님의 온전하신 뜻 가운데 있고 성령의 기름 부으심을 받으면 하나님의 구원역사는 우리가 머무는 어느 곳에서든지 우리를 통해 이루어 나가신다. 따라서 비전이 주어졌을 (깨달았을) 때 그 비전에 '선택과 집중'해야 하는 것이 일터에서 기름 부음 받은 자의 소명이다.

"청함을 받은 자는 많되 택함을 입은 자는 적으니라"(마22:14)

그렇다면 일터에서 그 본분을 감당해야 하는 사람의 조건은 무엇일까? 먼저 그리스도의 영을 가진 자(롬8:9)로 하나님 앞에 바로 선 자야 한다. 그리고 하나님의 올바른 '리더십'을 바라보아야 한다.

첫째, '자기희생'의 리더십을 요구한다.

오늘날 우리 교회가 특히 기독교공동체가 건강하지 못하고 추락하는 것은 신앙과 믿음이 예전보다 못해서가 아니다. 오히려 너무나도 신앙과 믿음이 계산적이고 합리적으로 행동하려고 한 결과 교회 가치의 평가에 관해 인간의 논리 검증이 더욱 구체화되고 커졌지만, 공동체 사명의 본질인 복음의 순수성은 깨지고 있기 때문이다. 교회와 성도 각자가 자신의 이익만 추구함으로써 공동의 가치, 즉 영원의 관점으로 살아가야 하는 청지기의 삶이 깨진 것이다. '자기희생'은 하나님이 자가적 삶의 목표가 될 때 가능하다. 시편23:1은 이를 분명하게 전하고 있다. "여호와는 나의 목자시니 내가 부족함이 없으리로다" 이 말씀의 본질은 하나님의 공의와 명예를 지키기 위하여 자기희생이 요구됨을 전하고 있다. 기름 부음 받은 자는 이러한 리더십을 가졌는가를 되돌아봐야 한다.

삶의 영성과 재정

둘째, '섬김과 나눔과 베풂'을 삶으로 보여 주는 리더십이다.

하나님은 우리에게 이 땅에서 필요한 복의 소망을 갖게 하신다. 그 이유는 하나님이 이 땅에 사는 동안 필요한 것들로 채워 주실 때는 섬김과 나눔과 베풂을 위한 것이기 때문이다. 즉 이 세상에서 누리게 하시는 복은 사명과 관련을 맺고 있다. 그러므로 기름 부음 받은 자의 섬김의 지도력은 청지기 적인 사명을 가지고 하나님이 허락하신 성공, 성취, 재물, 권력, 건강, 그리고 명성으로 필요를 채우고 나머지를 섬김과 나눔과 베푸는 데 사용해야 한다.

셋째는 하나님은 '겸손한 자'의 리더십을 요청하신다.

겸손한 자는 당당하다. 당당하다는 것은 순종과 자족함을 겸비하고 있다. 그리고 겸손한 자는 먼저 자신의 허물과 죄를 깨닫는다. 인간의 유한성을 인식하기 때문이다. 따라서 겸손한 사람은 매시간 거룩의 재발견을 통하여 여호와의 의와 거룩함을 깨닫는 자가 되고자 자신을 살핀다. 이런 사람은 매 순간 여호와의 공의를 행하며 하나님과 함께 하는 자라고 할 수 있다(마6:8).

4) 일은 일터에서 예배(히: 아바드 헬: 프로스퀴네오 Worship)

Service는 예배, 예배 의식(divine service), 봉사, 헌신, 접대, 근무, 찬양 등으로 표현한다. 즉 예배란 '존경을 나타낸다.' 또는 '가치를 어떤 사람이나 사물에 돌리다'라는 뜻이다. 그러므로 예배는 경건과 의식을 포함하는 존경하는 삶을 포괄한다(잠15:8; 말2:10).

"하나님은 영이시니 예배하는 자가 영과 진리로 예배할지니라"(요4:24)

하나님의 기름 부으심은 '일'을 통해 우리를 사용하시고자 한다. 중요한 것은 '일'은 곧 '예배'이며, 우리가 임하는 세상의 일터는 하나님 나라를 이루어가는 '전장터'이다.

다윗이 그러했던 것처럼 하나님을 위한 전쟁은 승리해야 한다. 그러므로 우리는 일을 할 때 한결같이 예배자의 마음으로 임해야 한다. R. W. 에머슨(1803~1882 미국의 사상가 및 시인)은 "사회는 우리의 인간으로서의 본질을 간과하고 그 대신 우리가 하는 일을 우리 자신이라고 믿는 경향이 있다."라고 지적했다. A. W 토저 또한 "인간은 무엇을 생계 수단으로 삼든 간에 그는 언제나 인간, 즉 하나님의 특별한 피조물이라는 사실이다. 일은 인간을 높여 줄 수도 없고 그를 끌어내릴 수도 없다. 그러나 일은 인간에 의해 고상하게 될 수는 있다."라며 예배자의 자세로 일을 행할 때 어떤 직업이라 할지라도 거룩한 사람은 그것을 거룩한 일로 만들 수 있다고 말했다. 세상적으로 높은 부름을 받았다고 해서 사람 자체가 거룩해지는 것은 아니다. 일터는 일을 예배자로 섬기는 사람을 통해 그의 일을 거룩하게 만드는 것이다.

> "좋은 나무마다 아름다운 열매를 맺고 … 좋은 나무가 나쁜 열매를 맺
> 을 수 없고 …"(마7:17~18)

은퇴

그리스도인은 은퇴를 어떤 관점에서 바라보아야 할까?

> "너희는 더욱 큰 은사를 사모하라 내가 또한 가장 좋은 길을 너희에게
> 보이리라"(고전12:31)

'**은퇴**'(retire)란 노동에 대한 대가인 임금이 지급되지 않음으로 사회적 공식 활동이 멈추는 시점을 말한다. 그런데 우리가 간과하고 있는 착오는 인간의 마음과 몸은 정신

적·육체적인 일의 멈춤이 정해져 있지 않다는 점이다. 성경 어디에도 건강한 사람에게 일을 그만두라고 지시한 적이 없다. 이 말은 하나님이 이 땅에 우리를 남겨 주시는 동안에는 할 일도 주신다는 의미이다. 은퇴자금이 충분하고 건강하면 이제 본격적으로 하나님의 일을 해 보는 것은 어떤가? 세상의 은퇴는 50~60대 전성기 이후에 '사회적 안전망'이라는 곡선을 타지만 그리스도인에게는 이 세상 다하는 날까지 수직적인 상승이 있을 뿐이다. 따라서 우리 그리스도인들은 은퇴 자체에 대한 사회적 통념을 재해석해야 한다.

1) 그리스도인에게 은퇴는 없다

첫째, 마음으로부터 은퇴에 관해 생각의 전환이 필요하다.

현대사회는 인간의 수명이 늘어나는 반면 사회적 은퇴는 빨라지고 있다. 따라서 사람의 대부분은 일과 임금 그리고 은퇴에 대해 불안정한 삶의 현실에 직면해 있다. 그러나 은퇴의 영어단어 Retire는 타이어를 폐기하는 것이 아니라 교체하고 다시 달린다는 뜻이다. 그러므로 일을 통한 노동의 대가를 반드시 받아야만 그 일에 대한 의미를 가질 수 있었던 그동안의 사회적 관념에 대한 인식의 전환이 필요하다. 사례를 받지 않고 일하는 것은 헌신과 봉사로서 보람을 가질 수 있다. 또한 마음에 기쁨으로 하는 일을 통해 건강한 몸과 마음을 유지해 나가기도 한다. 특히 하나님께서 우리를 이 땅에 남겨 두시는 한 마땅히 해야 할 일이 있다는 사실을 깨닫는 것은 신앙의 삶에 매우 중요하다. 그러므로 은퇴에 대한 마음으로부터 생각의 전환은 그리스도인들에게는 새로운 삶의 출발이 된다.

둘째, 하나님이 자신에게 부여하신 달란트를 키워야 한다.

하나님은 우리 모두 각자에게 귀한 달란트를 부여하셨다는 점을 잊지 말아야 한다. 스스로 나이가 들었다고 일을 손에서 놓는 순간, 점점 자신감 결여와 함께 무기력감이 발생할 수 있다. 그러니 자신이 할 수 있는 아주 작은 일이라도 새롭게 시작해야 한다. 무보수라도 일을 놓으면 안 된다. '일을 손에 놓으면 쉽게 늙는다'라는 말이 있다. 자신이 해 오던 일을 계속하면 좋겠지만 그것이 여의치 않는다면 다른 일이라도 꾸준히 준비하여 재능기부를 하면서 일을 손에 놓지 말아야 한다.

[※ 세상에서 가장 높은 빌딩이 있다고 합시다. 그 빌딩이 가장 가치가 있을 때는 주인의 의도대로 건물 전체가 불을 밝힐 때일 것입니다. 만약 그 높은 빌딩에 불이 꺼져 있거나 부분적으로 켜져 있으면 빌딩의 몫을 다 못하는 것이 됩니다. 이처럼 사람에게도 마찬가지입니다. 하나님께서 그분의 목적으로 세우신 여러분의 전체 기능(은사, 달란트, 재능) 중 일부만 가동하고 대부분 스위치를 꺼두고 산다면 고장 난 빌딩과 같을 것입니다. 청지기는 주인의 목적에 따라 세운 빌딩입니다. 자기 빌딩에 불을 다 켜놓지 않고 살아가면서 성경을 아무리 많이 읽은들 무슨 소용이 있겠습니까? 자기 빌딩에 불을 다 끄고 흉가처럼 사는 어리석은 사람이 아무리 돈이 많고 옷을 잘 입으면 무슨 비전이 생기겠습니까? 예수님도 이런 바보는 사용하지 않으실 겁니다. 여러분의 빌딩에 말씀(진리)의 등을 켜고, 사랑의 등을 켜고, 믿음의 등을 켜고, 양선의 등을 켜고, 겸손의 등을 켜고, 소망이 등을 켜고, 인내의 등을 켜고, 자비의 등을 켜고… 사십시오.]

셋째, 하나님의 일을 하기 위한 소명 의식을 갖자.

사람들은 은퇴 이후 삶에 대해 푸념만 늘어놓고 새로운 비전을 품는 것에 두려워만 하지 준비를 하지 않으려 한다. 이런 사람들에게 지난 시절 경쟁우위의 체면 의식은 오히려 은퇴 이후의 삶에 걸림돌이 될 수가 있다. 그러니 은퇴 이후에 즐겁게 인생을 살려면 하나님이 자신에게 주신 소명을 발견하고 계발(재능이나 정신 따위를 깨우쳐 열어 줌.)하여 누구나가 인정해 줄 수 있는 자신만의 일을 준비해 두어야 한다. 우리의 인생은 하나님께 달려 있다. 따라서 그분께서 우리를 사용하시도록 은퇴 이전부터 우리는 부지런히 **"Plan B"**를 준비해 놓아야 한다. 사회적 은퇴 이후를 준비하며 하나님의 사역을 하는 사람과 그렇지 않은 사람과의 사이는 상급에서도 엄청난 차이가 발생한다는 사실을 성경은 말하고 있다.

> "각 사람의 공적이 나타날 터인데 그날이 공적을 밝히리니 이는 불로 나타내고 그 불이 각 사람의 공적이 어떠한 것을 시험할 것임이라 만일 누구든지 그 위에 세운 공적이 그대로 있으면 상을 받고 누구든지 그 공적이 불타면 해를 받으리니 그러나 자신은 구원을 받되 불 가운데서 받는 것 같으니라"(고전3:13~15)

성경에서 '행한다'라는 말은 삶을 가리키는 비유적 표현이다. 즉 무엇에 시간을 할애하느냐에 따라 우리의 삶이 결정된다. 여러분은 지금 인생에서 가장 중요하다고 생각하는 일들에 시간을 어떻게 할애하며 살고 있는가? 이에 관해 바울 사도는 "세월을 아껴 지혜롭게 살라"(엡5:16)고 권고하고 있다.

※ 은퇴 없이 건강하게 오래 살고 싶은 이유

첫째, 내가 영적인 존재로 늙지 않았다는 것을 보여 주고 싶기 때문입니다.

둘째, 나는 은퇴 없이 이 땅에서 하나님이 부여하신 일을 해야 하기 때문입니다.

셋째, 나는 누군가를 사랑해야 하기 때문이다. 사랑은 하나님의 심장이며, 삶의 에너지이며, 삶을 아름답게 하기 때문입니다.

넷째, 나는 아직 궁금한 것(호기심)이 많기 때문입니다. 그래서 공부를 계

속해야 합니다. 공부한다는 것은 미처 알지 못하는 사람들과 함
께 나누기 위함입니다.

다섯째, 주님의 청지기로서의 삶을 제대로 살아 보고 싶어서입니다. 주
님이 저에게 허락하신 은사를 사명감으로 살아야 할 책임을 느끼
기 때문입니다.

-저자의 글 중에서-

우리는 자기가 누구인지 모르면서 공부를 합니다. 자기가 누구인지 모르면서 봉사
를 합니다. 자기가 누구인지 모르면서 명상을 합니다. 자기가 누구인지 모르면서 사
랑을 합니다. 공부보다, 봉사보다, 명상보다, 사랑보다 먼저 주님 앞에서 자기가 누구
인지를 먼저 찾아야 합니다. 마가복음19:16~21 이하 부자 청년에게 예수님은 자기가
누구인지를 먼저 찾으라고 말씀하신 것입니다. 이에 부자 청년은 근심하며 주님을 떠
나갔습니다.

2) 새로운 부르심에 대한 관점의 전환

- 하나님 나라의 확장에는 지식과 건강과 시간 그리고 가정과 물질 등
  이 필요하다.
- 사업과 물질을 위해 거룩한 부르심을 받은 자들은 하나님의 방법으
  로 정직하게 열심히 돈을 벌어 주님이 원하시는 곳에 공급해야 한다
  (축복의 통로).
- '일'하는 사람의 삶 속에서 하나님의 품성이 담겨 있음을 일깨워야 한
  다.
- 당신의 일(업무) 습관을 향상하는 노력을 지속해서 해 나가야 한다.
- 휴식도 일만큼 중요하다는 사실을 깨닫고 효율적인 휴식 관리를 계

발해야 한다.

- '일'은 복음 증거요. 예배이며, 찬양이어야 한다.

● 인생에는 은퇴가 없다

성경 어디에도 '은퇴'라는 단어는 없다. "내가 왕년에~" "내가 누군데~" 등 과거의 자신에 대한 감옥에서 벗어나라. 그리고 지금부터 다시 "Living Better" 최고의 인생을 시작하라. 과거의 감정을 소멸하고, 현재의 감성을 새롭게 훈련하여, 미래에 투자와 헌신을 해라.

🏠 **실천 적용과제**

1. 인생의 "Plan B"를 세워 보기

2. 은퇴 없이 건강하게 오래 살고 싶은 이유 생각하기

질문을 통한 나눔

1. 소유의 욕심이 안식의 복을 상실하였다는 것에 대해 말씀을 읽고 함께 생각을 나누어 보세요.

- 창3:5

- 창3:17

- 전2:11

2. '인간의 일' 속에 육신을 따라 사는 사람의 일에 대한 특징을 뭐라고 말씀하고 있습니까?

- 롬8:12

- 갈5:16

- 벧전4:2

- 벧후2:10

• 요일2:16

3. 여러분은 성경에서 말하는 안식(쉼)을 하고 있습니까? 그 사례를 함께 나눠 주세요. 혹, 그
렇지 못하다면 그 원인은 무엇이라고 생각합니까?

4. 다음 구절에서는 일에 대해 어떻게 말하고 있습니까?

• 신12:7

• 잠13:11

• 살후3:10

5. 여러분은 자신에게 주어진 일을 하는 궁극적 목적이 무엇이 되어야 합니까?

6. 당신은 은퇴 준비를 잘하고 있습니까? 만약 그렇지 못하다면 걸림돌은 무엇입니까?

7. 그리스도인에게 은퇴가 없다는 말에 동의하십니까? 어떻게 준비하고 실천하겠습니까?

8. 세상에서 성경에서 말하는 일의 모본을 실천하려는 애씀이 어떤 면에서 가능하고 또 그 렇지 못한 경우는 어떤 경우가 있을까요? 자신의 경험적인 사례를 함께 나눠 주세요.

9. 앞으로 휴식과 일의 개념을 어떻게 재정립하겠습니까?

10. 새로운 부르심에 대한 준비를 향후의 삶에 적용하는 결단을 해 보세요.

삶의 영성과 재정

10주차

가정에서 청지기의 삶

◆ 목표

　그리스도인들은 세상에서 결정해야 하는 참 많은 것들을 매 순간 만나게 된다. 그 때마다 영적인 결정을 요구한다. 이때 그리스도인들에게 말씀의 법은 매우 중요한 생활의 기준이 될 것이다. 특히 하나님을 대신하여 삶을 사는 자로서 주어진 상황을 지혜롭게 판단하고 평가하며 또 그에 대한 책임을 져야 하므로 더욱 그러하다. 따라서 하나님은 우리 그리스도인들에게 삶의 영성 부분에서 모본을 보여야 하는 책임을 요청하신다.

◆ 암송 구절

　"내 소유는 이것이니 곧 주의 법도를 지킨 것이니이다"(시119:56)

　주님은 빌라도 앞에서 타협하지 않으셨다. "하나님께서 나를 그 자리에 서게 하셨으니 그 자리에서 네가 해야 할 일을 하라. 너는 총독으로서 네 권위에 따라 그 자리에 서 있고, 나는 하나님의 아들로서 나의 권위에 따라 이 자리에 서 있다. 만일 네가 네 의무에 따라 나를 죽음에 처하게 한다면 나는 나의 의무에 따라 죽음으로 가겠다"라고 하시며 주님의 중재에는 타협이 없었다. 그것은 하나님의 뜻이 모든 배후에 있었기 때문이다. 이처럼 하나님의 말씀은 엄하며 한 치의 양보가 없다. 그러나 하나님은 사람의 영혼을 대하실 때는 긍휼하심으로 다정하고 무한한 친절을 베푸신다.

　마찬가지로 하나님의 자녀인 우리 역시 문명의 세계에서 타협함이 없이 각각의 욕구들을 인식함으로써 담대하게 주의 법도를 지켜야 한다. 세상 사람들은 사실을 사실대로 본다. 이런 사람은 지극히 법적, 윤리적인 삶이다. 물론 사실을 거짓이나 조작하는 삶보다는 이것이 옳은 삶이다. 그러나 하나님의 사람은 사실 너머에 있는 진실(진리)을 보아야 한다. 이것이 영원의 관점으로 살아가는 청지기의 삶이다.

1. 여러분은 일상에서 왜곡과 사실 그리고 진실 가운데 어디에 더 관심을 집중합니까?

2. 이 땅에서의 삶이 영원한 나라의 소망과 직결된다는 사실을 어느 때 느낍니까?

3. 여러분 안에 아직 주님보다 더 귀중하다고 생각하는 것들은 어떤 것들이 있습니까?

4. 여러분에게 아직 깨뜨리지 못하고 있는 옥합은 무엇 때문입니까?

5. 가정에서 부부, 자녀와의 대화에 만족하고 있습니까?

그리스도인으로서 경쟁력 있는 삶은 어떤 것일까?

삶은 결코 우리가 생각한 대로 진행되지 않는다. 그 이유는 삶이란 끊임없이 펼쳐지는 창조의 경이로움 때문에 우리가 기대하는 삶으로 흘러가지 않는다. 그러므로 삶을 스스로 재단(裁斷)하기보다는 먼저 하나님 앞에서 순전한 사람이 되어야 한다. 하나님은 그런 사람을 통해 역사하신다. "내 안에 천국이 있다"라는 주님의 말씀은 하나님의 형상을 회복하라는 뜻과 함께 청지기 영성 훈련을 통해 실천적인 삶을 살아야 한다는 의미를 담고 있다. 우리 그리스도인들은 영원한 나라의 소망을 품는 현재의 확신이 내생의 연결로 나타나는 것을 믿으니(딤전4:8), 하나님의 뜻과 계획 안에서 현재의 믿음을 영원한 미래의 관점을 향해 지속해야 한다. 그러므로 왕 같은 제사장인 우리에게 복음 증거의 사명은 이런 구체적인 인생을 삶의 영성으로 실천하는 것이다.

1) 청지기 삶의 세 가지 조건

첫째, 영적인 거룩함의 회복

> "너희는 가서 내가 긍휼을 원하고 제사를 원하지 아니하노라 하신 뜻이
> 무엇인지 배우라 나는 의인을 부르러 온 것이 아니요 죄인을 부르러 왔
> 노라 하시니라"(마9:13)

'긍휼'은 하나님의 사랑을 무한히 표현하시고자 우리의 성향에 하나님의 거룩함을 회복시키시는 마음이다. 이러한 하나님의 긍휼은 순종으로 나아가는 우리의 믿음과 결단에서 출발한다. 하나님은 긍휼의 마음을 겸손함으로 받아들이는 자를 사랑하신다. 겸손이란 무엇인가? 자기 부인의 십자가를 지고 사는 삶이다.

> "이에 예수께서 제자들에게 이르시되 누구든지 나를 따라 오려거든 자
> 기를 부인하고 자기 십자가를 지고 나를 따를 것이니라"(마16:24)

앤드류 머리는 "우리의 자아는 타락한 본질을 가진 속성으로 자기 부인은 구원을 수용하는 결단이며, 겸손은 우리를 구원에 이르도록 순종하는 태도이다"라고 말한다. 우리를 겸손하게 만드는 것은 은혜이며, 영적 거룩함의 훈련은 하나님의 긍휼을 겸손함으로 받아 그 은혜 안에 머무는 삶을 말한다.

둘째, 도덕적인 행복(화평의 마음, 정직, 하나님의 원칙)

> "그는 우리의 화평이신지라 둘로 하나를 만드사 원수 된 것 곧 중간에
> 막힌 담을 자기 육체로 허시고 법조문으로 된 계명의 율법을 폐하셨으

삶의 영성과 재정

니 이는 이 둘로 자기 안에서 한 새 사람을 지어 화평하게 하시고"(엡 2:14~15)

화목은 예수 그리스도로 말미암아 다시 찾은 우리와 하나님과의 관계 회복을 뜻한다. 구약에서는 이를 피의 속죄로 표현했고, 바울은 예수 그리스도로 말미암아 화평케 하시는 자 또는 화목하게 하시는 자의 역할에 주목하고 있다. 예수 그리스도는 하나님과의 관계, 사람들과의 관계를 화목 시키시는 우리의 화평이시다. 또한 인간의 '정직함'은 주님께 순종하는 믿음을 통하여 그리스도인의 덕으로 승화된다. 이는 '순수함'을 말하는 것으로 순수한 정직은 세상 모든 이치를 알지만, 하나님의 덕으로 승화된 '고결한 성품'을 유지한다.

그리고 '하나님의 원칙'을 지키는 것은 겸손을 통해 우리가 말씀과 그 속에 담겨 있는 도덕률을 받아들이고 지키는 것이다. 말씀의 원칙이 중심이 됨으로써 우리는 과거로부터 배우고, 영원에 대한 소망을 가지며, 현재에 대해 자신감 있게 행동하는 능력을 얻는다. 이 자신감은 자신의 삶에서 말씀의 원칙에 따라 행동하면 신앙과 삶의 균형을 향상할 수 있다는 도덕적 믿음을 갖게 한다. 이 도덕적 믿음은 선택적 순간에 자유함을 가지고 행동할 수 있는 원칙의 힘을 발휘하게 한다.

셋째, 신체적 건강함

"하나님이 이르시되 우리의 형상을 따라 우리의 모양대로 우리가 사람을 만들고…"(창1:26)

"평강의 하나님이 친히 너희를 온전히 거룩하게 하시고 또 너희의 온 영과 혼과 몸이 우리 주 예수 그리스도께서 강림하실 때에 흠 없게 보전되기를 원하노라"(살전5:23)

몸이 건강하지 못하면 맑은 생각을 할 수 없고, 삶의 동력을 충족할 수가 없다. 신체적 건강 유지를 통해 우리는 자신과 삶의 목적에 대한 신념과 사랑하는 방법, 그리고 삶의 의욕을 생성시킨다. 이러한 활력 있는 건강은 규칙적인 운동, 적당한 영양 섭취, 효율적 휴식, 건전한 사고, 신체에 해로운 물질을 피함으로써 형성된다. 만약 그렇지 않고 겉으로만 잘 보이면 된다는 환상, 즉 유행하는 옷을 잘 입고, 화장을 화려하게 하고, 즉효를 보장하는 체중조절 프로그램으로 일관한다면 단기적인 만족을 주기는 하겠지만 허무한 약속이 된다. 우리의 신체적 건강은 주님께서 언제나 그분의 뜻과 계획을 말씀하실 때 '하나님의 명품 모델'로 준비된 자의 마중물이 될 수 있게 한다.

2) 청지기의 실천적인 삶

● 청지기로 부르심에 준비

> "너희는 하나님으로부터 나서 그리스도 예수 안에 있고 예수는 하나님으로부터 나와서 우리에게 지혜와 의로움과 거룩함과 구원함이 되셨으니"(고전1:30)

청지기 신앙은 예수께서 행하신 일 또는 그 능력을 증거하는 것에 우선하여 예수 그리스도가 우리에게 누구인가?를 입증하는 삶이다. 하나님은 우리 각자에게 분명한 달란트를 주셨다. 다만 우리 각자가 그 은사를 발견했거나 아직 그렇지 못하거나, 또는 그것을 찾고 있을 뿐이다. 지금부터 ① 자신이 가장 잘하는 것, ② 칭찬받는 것, ③ 싫증 나지 않는 것을 찾고 은사대로 준비해 보라. 주님이 우리를 청지기로 부르심은 영적으로 풍요로운 삶을 통해 물질, 시간, 지식, 달란트를 그 은혜에 따라 함께 나누게 하시려는 목적이 있기 때문이다.

삶의 영성과 재정

"모든 성도 중에 지극히 작은 자보다 더 작은 나에게 이 은혜를 주신 것은

측량할 수 없는 그리스도의 풍성함을 이방인에게 전하게 하시고"(엡3:8)

청지기로 부르심의 삶은 영원한 하늘나라에 소망을 두기 때문에 이 땅의 모든 것에 집착을 내려놓는다. 즉 소유적 권리를 원래 자리로 되돌려 놓고 청지기의 위치로 다시 서는 것을 의미한다.

● 성령에 이끌리는 삶

"내가 그리스도와 함께 십자가에 못 박혔나니 그런즉 이제는 내가 사는

것이 아니요 오직 내 안에 그리스도께서 사시는 것이라 이제 내가 육체

가운데 사는 것은 나를 사랑하사 나를 위하여 자기 자신을 버리신 하나

님의 아들을 믿는 믿음 안에서 사는 것이라"(갈2:20)

당신의 몸이 '**성령의 전**'이라는 사실에 얼마나 집중하고 사는가? "내가 그리스도와 함께 십자가에 못 박혔나니"는 '내가 그리스도를 닮기로 작정하였다' 혹은 '내가 주님을 따르기로 작정하였다'라는 소극적 의미가 아니다. 보다 구체적으로 "내가 그리스도와 함께 일치되었다"라는 뜻이다. 이것이 살아 있는 성령에 이끌리는 삶의 핵심이다. 그러므로 우리가 '저는 죄인입니다'라고 주님의 구속을 소극적으로 받아들이는 이 말보다 "저는 그리스도 예수로 인하여 '구원을 받은 자'입니다."라고 고백하는 행위가 훨씬 능동적이고 은혜의 삶이 된다.

"죄로부터 해방되어 의에게 종이 되었느니라"(롬6:18)

우리가 구원을 확신한다면 '성령에 이끌리는 삶'을 경주해야 한다. 그러한 인생은

베푸는 데 인색하지 않으며 오히려 나누고 드리며 섬기는 것을 생활 속에서 기쁨으로 행한다.

● 하나님이 기뻐하시는 삶을 먼저 생각하라

"너의 행사를 여호와께 맡기라 그리하면 네가 경영하는 것이 이루어지리라"(잠16:3)

삶 가운데서 하나님을 가장 먼저 고려하지 않는 자는 언제나 두 마음을 품는다. 믿음의 선진들은 그들의 삶 가운데 먼저 하나님을 향한 경외를 할 때 하늘의 복과 땅의 복을 받았다. 먼저 그 나라와 그 의를 구하는 삶의 행함은 "뜻이 하늘에서 이루어진 것같이 땅에서도 이루어진다"라는 예수 그리스도의 말씀을 실천하는 구원받은 자의 삶을 뜻한다. 우리 역시 생활 속에서 하나님께서 명령하신 것을 먼저 실천할 때, 하나님께서 우리의 필요를 공급하시겠다고 약속하셨다. 그러한 믿음은 우리가 먹고사는 그것으로부터의 근심과 걱정을 떨쳐 내고 은혜와 기쁨으로 살 수 있게 한다.

● 쉬지 말고 기도하는 삶

영적인 결정을 하며 사는 삶을 말한다(시78:34~41). 혹시 우리의 기도가 징계가 두려워 아첨하는 '죄'를 만드는 것은 아닌가? 우리가 일반적으로 드리는 기도는 우리가 원하고 필요한 그것에 대해 간절함을 이루기 위한 수단이 되는 경우가 많다. 이에 대해 리처드 포스터는 "기도는 내 안에 계신 그리스도에게 영양분을 공급하여 예수를 지키는 삶"이라고 했다. 그러나 가장 효과적인 기도는 하나님의 뜻에 순종하는 기도이다(마26:39; 롬8:26~27; 요일5:14). 예수님도 하나님께서 작정하신 뜻을 구하는 기도를 하셨다. 또한 기도에서 "예수님의 이름으로 기도한다"라는 것은 하나님의 뜻을 받아들이겠다는 순종을 뜻한다. 이처럼 순전한 기도는 우리 삶의 인식이 온전히 하나님께로 향하는

삶의 영성과 재정

복종을 의미한다. 기도하지 않는 것은 하나님의 도우심과 인도하심이 필요하지 않다는 오만한 독립 선언이다.

● 범사에 감사하는 삶이다

> "사랑하는 자여 네 영혼이 잘됨 같이 네가 범사에 잘되고 강건하기를
> 내가 간구하노라"(요삼:2)

우리가 감사하지 못하는 이유는 마음에 만족이 없기 때문이다. 이는 여전히 채워지지 않은 무언가를 갈구하고 있다는 뜻이다. 남이 가진 것과 비교하며 계속 부족하다고 여긴다. '욕심'이란 이미 충분한데도 계속 원하는 것이고, '탐욕'이란 자기가 가지지 못한 남의 것을 갈망하는 것이다. 탐욕은 우상숭배라 말씀하시고(엡 5:3~5), 돈을 '주님보다 더 사랑함'이 일만 악의 뿌리가 된다고 하셨다(딤전 6:10).

사람들은 "부자가 되려고 하는 것이 잘못은 아니다"라고 말하며 끊임없이 부를 추구한다. 그러나 하나님은 "부하려 하는 자들은 시험과 올무와 여러 가지 어리석고 해로운 욕심에 떨어지나니 곧 사람으로 파멸과 멸망에 빠지게 하는 것이라"(딤전6:9)고 하신다. 욕심과 탐욕은 결코 채워지지 않는다. 따라서 이 절제 없는 욕구들을 버려야 감사한 삶을 살 수 있다. 범사에 감사하기 위해서는 먼저 우리의 영혼이 경건의 극대화로 나아가야 한다. 우리가 말씀과 경건의 교훈을 따르지 아니하면 세상의 유혹과 스스로 시험에 의해 마음이 부패하게 된다(약1:13~15).

● 구별된 삶을 살아라

> "너희는 이 세대를 본받지 말고 오직 마음을 새롭게 함으로 변화를 받
> 아 하나님의 선하시고 기뻐하시고 온전하신 뜻이 무엇인지 분별하도록

하라"(롬12:2)

우리는 성경을 믿고 그리스도를 위해 기꺼이 죽을 수 있다고 고백하면서도 돈과 소유에 대한 그리스도의 극단적인 가르침에 대해서는 반대하고 거부하며 여전히 돈을 더 사랑하는 사람이 될 수 있다. 이렇다면 우리는 세상 사람들과 무엇이 다른가? 이에 오스왈드 챔버스는 "우리가 청지기의 삶으로 거듭났는지 그렇지 않은지는 우리 마음의 '소원'을 보면 알 수 있다"라고 했다. 풍요함으로 인해 감각이 무디어진 채로 현실을 사는 우리에게 하나님의 말씀은 이 세대를 본받지 말고 구별되기를 촉구하고 있다. 하지만 주의해야 할 것은 말씀에 따라 우리 그리스도인들은 세상과 구별되는 삶을 살아야 하지만 세상이나 사람들을 '차별'하는 삶을 살면 안 된다.

● 전략적인 삶을 살아라

"우리의 씨름은 혈과 육을 상대하는 것이 아니요 통치자들과 권세들과
이 어둠의 세상 주관자들과 하늘에 있는 악의 영들을 상대함이라"(엡6:12)

우리는 많은 자원을 필요로 하는 치열한 영적 전투에서 무엇에 초점을 두었느냐에 따라 여러 가지 다른 결과를 만들어 낼 수 있다. 그것을 '전략적 생활방식'이라 부를 수 있으며, 이 전략적인 삶은 우리에게 영원한 본향을 중심으로 한 관점의 전환을 요구한다. 그러므로 한정된 자원을 자기만족과 욕구 충족에 낭비하지 않고, 주인이신 하나님의 뜻과 의도하는 곳에 집중적으로 사용할 필요가 있다. 이 원칙들을 집행하기 위해 자신이 사용할 수 있는 전략들을 몇 가지 예로 살펴볼 수 있다.

- 기도하라.
- 일과를 일, 주, 월 단위로 구분하여 미리 검토하라.

삶의 영성과 재정

- 일과 삶의 우선순위를 정하라.

- 중요한 것과 급한 것을 구분하라.

- 필요한 것과 원하는 것을 분별하라

- 하루에 대한 시간 계획을 작성하라.

- 모든 것을 영적으로 질문하며 진행하라.

- 매 순간을 여유 없는 시간의 약속들로 채우지 말라.

- 효율적인 휴식을 계획하라.

성경은 '휴식에서 일'로 방향을 설정하고 있다. 우리의 삶과 신앙의 성화 과정이 일 평생 지속될 것을 고려한다면 우리를 새롭게 하고 기운을 북돋우는 휴식을 위해 시간과 돈을 필요하게 사용하는 것은 잘못이 아니다. 즉 가족과 함께 형편에 맞게 외식하고 휴가를 보내며, 건강을 위해 운동함으로써 삶의 전투를 위한 열정을 재충전할 수 있다. 또한 그것은 관계 형성의 소중한 기회를 제공해 준다. 이러한 전략적 사고방식을 효율적으로 유지하면 하나님이 더 많이 주셨을 때, 그분의 목적에 투자하라고 공급하셨음을 깨닫게 된다(고후8:14, 9:11).

● 온유한 삶을 살라

"온유한 자는 복이 있나니 그들이 땅을 기업으로 받을 것임이요"(마5:5)

현대적 표현으로 '온유하다'라는 의미는 양극단의 중간에 있는 '중용'으로 정의하고 있다. 이런 측면에서 온유한 자를 해석하면 "분노할 만한 때에 분노하고, 해서 안 될 때 분노치 않는 자는 복이 있나니"가 된다. 그렇다면 언제 분노해야 하고, 분노하지 말아야 할 때인지를 분별할 수 있어야 한다. 그중 하나가 나에게 욕된 것이나 피해가 올 때, 화를 인내하고 참을 수 있어야 하며 타인에게 어떤 피해가 미칠 때는 정의롭게 대신해 줄 수 있는 경우가 그 예가 될 수 있다. 따라서 이기적인 분노는 죄가 될 수 있지만 정의로운 분노는 세상의 위대한 도덕적 힘이 된다.

하지만 인간이 완전하게 온유하다는 것은 인간 능력 밖의 일이다. 이는 완전히 하나님이 통제하시는 자의 축복일 때 가능하다. 왜냐하면 사람은 하나님께 온전히 헌신할 때만 참된 자유를 찾게 되고, 하나님의 뜻을 행할 때만 참된 평화를 얻을 수 있기 때문이다. 위대한 사람이란 언제나 자제력을 소유한 자요, 어떤 원칙 아래서 자기의 격정과 본능과 충동을 성령의 이끌림(taking)에 순종한 사람들이었다. 성경은 "자기의 마음을 다스리는 자는 성을 빼앗는 자보다 나으니라"(잠16:32)라고 했다〈출처: (구) EPS 청지기재정 교실〉.

☞ **"분노할 만한 때에 노하고 분노하지 말아야 할 때 노하지 않으며 자기의 본능과 충동과 정욕을 하나님의 다스림에 따라 억제하며 자기의 무지와 연약함을 아는 겸손을 가진 자는 복 되도다"**(윌리엄 버클레이)

청지기 삶을 실천하는 가정

"네 집 안방에 있는 네 아내는 결실한 포도나무 같으며 네 식탁에 둘러 앉은 자식들은 어린 감람나무 같으리로다 여호와를 경외하는 자는 이 같이 복을 얻으리로다"(시128:3~4)

삶에서 습득하는 대부분은 가정에서부터 시작된다고 해도 과언이 아니다. 가정에서 인격이 형성되고 습관이 계발되며 삶의 방향이 형성되는 토대가 된다. 더욱이 부모의 모범은 말과 행동 또한 삶과 신앙에 있어 자녀들에게 큰 영향을 미친다. 이렇듯 가정은 사회적 삶의 심장이고 근원이 된다. 특히 돈과 소유에 대한 재정적 관점과 습관은 가정을 통해 의식적이든 무의식적이든 자녀들의 삶의 가치에 지대한 영향을 준다. 부모가 청지기 삶을 지혜롭게 행하는 것을 자주 볼수록 자녀들에게 직접적인 정면 교사가 될 것이다. 관대하게 드리고, 빌리기보다는 아끼고, 지혜롭게 소비하면 이런 모범이 바로 자녀들에게 미래에 재정적인 재난을 당하지 않도록 보호해줄 선물이 될 것이다.

- **개발:** 새로운 것을 만들어 냄
- **계발:** 재능이나 정신 따위를 깨우쳐 열어 줌

"마땅히 행할 길을 아이에게 가르치라 그리하면 늙어도 그것을 떠나지 아니하리라"(잠22:6)

1) 가정에서의 재정

● 가정에 필요한 재정관리 ☞ 영적인 결정

- 예산편성 ☞ 소득과 소비의 균형
- 합의된 재정 운영 ☞ 공동 운영을 통한 투명한 가정재정
- 외벌이 경제관리를 할 것 ☞ 맞벌이 가정
- 저축과 검약의 생활화 ☞ 절약은 또 다른 저축
- 자녀들에게 부모의 일에 관한 것 알려 주기 ☞ 자녀의 재정적 독립심 형성
- 지혜로운 소비 습관(가계부 작성, 지출한계 설정, 지출의 우선순위 설정)

● 결혼 예비부부의 서약

"그리스도를 경외함으로 피차 복종하라"(엡5:21)

성경에는 정결한 결혼에 관한 규례나 교훈이 많이 기록되어 있다. 하나님께서는 남자와 여자가 서로 짝이 되도록 지으시고 "생육하고 번성하여 땅에 충만하라"(창1:27)라고 명령하셨다. 예수님께서도 결혼이 '영원한 관계'라는 하나님의 뜻을 계시하셨다(막10:6~9). 사도바울 또한 함께 믿는 부부는 절대 이혼하지 말 것(고전7;10~11)을 권면하고 있다. 그러면서 결혼 관계는 평안을 누리는 일 가운데 하나이기 때문에 설령 배우자가 믿지 않는다고 해서 그것을 이유로 이혼해서는 안 된다고 가르친다(고전7:12~16; 벧후3:1~2). 그러나 아직 결혼하지 아니한 그리스도인들은 그리스도인과 결혼할 것을 강조하고 있다. 또한 재혼인 경우에도 역시 '주 안에서만' 해야 한다(고전7:39)고 말씀하신다.

참고로 부부관계에 대한 아래의 '서약' 50문항을 결혼 전 남편과 아내가 서로 존중하고 순종해야 함을 바탕으로 세운다면 도움이 될 것이다.

- 하나님에 관하여(10문항)
- 서로에 관하여(10문항)
- 양가 부모와 형제에 관하여(10문항)
- 재물에 관하여(10문항)
  - 하나님의 소유권을 인정하는 신앙고백으로 십일조와 감사 생활을 하겠다.
  - 각자의 재정을 공개하고 결혼 이후에도 투명한 가정경제를 지키겠다.
  - 소득 대비 지출이 초과하지 않을 것이며, 미래를 담보한 과소비를 하지 않겠다.

삶의 영성과 재정

- 모든 재정지출의 결정은 부부가 완전한 합의를 이룬 뒤 사용한다.

- 자녀들에게 건강한 재정교육을 삶의 모본으로 보이겠다.

- 필요한 재정의 충족 후 섬김과 나눔의 청지기의 삶을 실천하겠다.

• 이 땅과 영원한 나라를 향한 준비하는 삶(10문항)

● 부부싸움의 원인

• 비밀이 많다. ☞ 지출에 대해 솔직하게 밝히지 않는다. 비자금을 챙긴다. 돈으로 인한 부부간의 갈등은 불신으로부터 시작된다.

• 돈을 관리하지 않고, 예산이 없고 책임을 미루고, 가치관이 다르다. ☞ 돈과 재정에 대한 서로의 생각을 나누고 가계부를 쓰기로 하는 등, 작은 것부터 함께 시작하며 지속적으로 관심을 나눈다. 돈은 감정적으로 폭발할 가능성이 큰 영역이다.

• 충동구매를 한다. ☞ 충동구매의 원인을 분석하고 서로 협조를 구한다.

• 최악의 상황에서 돈 문제를 이야기하는 등 타이밍이 적절치 않다. ☞ 돈 문제에 대한 대화의 타이밍을 잘 선택하고 한 번에 하나씩 단계적으로 해결한다.

• 절대로 타협하지 않으려 한다. ☞ 서로에게 유익이 되는 윈-윈 방식을 추구한다.

• 보편적 사회문화를 신념화한다. ☞ 시대의 성향(마케팅 친절)은 우리의 마음과 지갑을 빼앗는다는 사실에서 탈출해야 한다.

● 재정 사용의 지혜로운 지침

"하나님이 능히 모든 은혜를 너희에게 넘치게 하시나니 이는 너희로 모

든 일에 항상 모든 것이 넉넉하여 모든 착한 일을 넘치게 하게 하려 하
심이라"(고후9:8)

지혜로운 소비 습관은 계획을 세우는 것에서부터 시작된다. 수입과 지출을 파악하고, 그에 따른 바람직한 재정계획을 세워 원칙을 지켜나가는 노력이 필요하다. 이는 과소비로 이어지는 충동구매를 사전에 예방하고 불필요한 지출을 차단한다.

- **1단계:** 지출메모장 작성 ☞ 최소한 삼 개월 동안 모든 경비(소액의 현금까지)를 기록하여 자신의 지출상태를 점검한다.
- **2단계:** 가계부를 작성한다. ☞ 얼마만큼의 돈이 어디에 쓰였는지 지속적으로 점검하여 전체적인 지출계획을 수정하고 조정하는 기초를 세운다.
- **3단계:** 가정의 총수입:지출을 계산한다. ☞ 수입은 십일조와 세금을 공제한 금액으로 하고, 지출은 출처와 금액을 기록한다. 총지출계획의 규모를 고려하는 데 필수이다.
- **4단계:** 정기적인 지출항목과 액수를 파악한다. ☞ 매달 지출되는 공제항목(세금, 연금 등)과 우선 지출항목(빚 상환, 부모님 생활비 등), 고정비(저축, 보험 등)를 파악한다.
- **5단계:** 지출의 한계를 조정한다. ☞ 수입과 필요에 따라 지출의 한계를 정해놓지 않으면 지출은 계속 증가한다는 사실을 명심하라.
- **6단계:** 지출(소비)훈련. ☞ 사야 할 품목이 생길 때마다 미리 수첩에 적어두고, 급한 품목이 아닌 것은 할인판매 기간을 이용한다. 그러나 세일 때는 충동구매를 조심한다. 쇼핑 후 가계부를 정리하며 결과를 반성해 본다. 급하게 결정하는 것은 거의 항상 비싼 값을 치르는 경우가 많으므로 신중히 시간(기간 설정)을 가

지고 결정한다.

- **7단계:**

　① 수입보다 지출이 많다(수입<지출). ☞ 지출 규모 재조정, 새로운 수입

　　창출

　② 수입과 지출이 같다(수입=지출). ☞ 지출 규모 재검토

　③ 수입보다 지출이 적다(수입>지출). ☞ 남은 것은 저축 또는 빚 상환

2) 자녀 교육

"속담을 말하는 자마다 네게 대하여 속담을 말하기를 어머니가 그러하

면 딸도 그러하다 하리라"(에스겔16:44)

● 부모가 자녀의 미래이다

(1) 스스로 경험을 통해 배우게 한다.

자녀들은 경험을 통해 좋은 것과 나쁜 것을 함께 배우게 된다. 경험은 가치를 깨

닫게 한다.

(2) 실패할 수 있는 자유(Freedom to fail)를 준다.

사람은 삶의 과정에서 80%가 실패를 경험한다. 중요한 것은 실패를 두려워하지

않을 때 더 많은 것을 얻는다는 사실이다. "가장 위대한 성공은 실패할 수 있는

자유가 있을 때 나온다."(페이스북 창업자 마크 저커버그)

(3) 드림을 가르친다.

자신에게 주어진 모든 것의 공급자(주인)가 누구인가를 깨닫게 해 준다. 드리는 삶

의 기본은 되돌려 드리는 삶의 대상이 누군지를 알게 하는 것으로부터 시작된다.

(4) 저축과 절제를 가르친다.

돈의 가치와 절제의 훈련은 저축을 통해 배우게 한다.

(5) 검약 생활을 가르친다.

원하는 것으로부터 필요한 것으로 관점의 전환을 할 때 검약을 시작할 수 있다.

(6) 돈 쓰는 법을 가르친다.

자녀에게 소비를 가르치는 가장 효과적인 방법은 부모가 돈을 어떻게 쓰는지 일상의 삶에서 몸소 보여 주는 것이다.

(7) 보상과 훈계가 있어야 한다.

하나님께서 우리에게 상급을 약속하셨듯이 우리 역시 자녀들을 선한 청지기로 양육하기 위해서 잘잘못에 대한 보상과 훈계가 필요하다. 이는 자녀들에게 적절한 동기부여를 통해 자신감과 만족감을 훈련하게 한다.

(8) 점차적인 재정경제의 독립을 보장한다.

자녀가 일정 기간의 가정교육을 받은 후 독립하는 시점을 가정예배를 통해 말씀으로 가르친다. 이후 스스로 재정에 대한 더 많은 책임을 져야 함을 깨닫게 하고 부모로부터 경제적인 젖을 떼도록 해야 한다. 이때 부모와 자녀 간의 지속적인 대화와 훈련이 필요하다.

(9) 모든 결정을 할 때 영적인 결정을 할 수 있도록 훈련한다.

자녀들이 인생의 과정에서 재정을 비롯한 수많은 결정을 해야 할 시기에 가장 먼저 주인이신 하나님께 답을 구하는 영적 습관을 훈련하게 하라.

(10) 자녀가 부모를 필요로 하는 시간에 충분하게 함께 동행하라.

자녀가 부모를 찾고, 필요로 하는 시간(Golden Time)을 놓치지 마라.

3) 노년의 삶: 제2의 인생(Plan B) 준비는 잘하고 있는가?

● '트리플 써티'(30:30:30) 설계

• 출생에서 30세: 성장 ☞ 교육 ☞ 독립을 준비하는 기간

삶의 영성과 재정

- 30세에서 60세: 독립가정형성 ☞ 사회적 경제 활동 및 자녀 양육
- 60세 이후: 제2의 인생 시작(Plan B) ☞ 인생의 황금기(Retire)

두 번째 30년의 기간을 어떻게 준비하는가에 따라 은퇴 후 삶의 질과 인생의 의미가 달라질 수 있다. 따라서 사회적 은퇴 설계는 경제 수입이 없는 30년 이상의 삶에 대한 준비가 전략적으로 필요한 시기이다. 이에 현재의 삶에 대한 분석이 필요하고 미래의 삶에 대한 방향을 수립해야 한다.

※ 재무 목표를 세울 때 고려사항

- 나는 몇 세에 은퇴하게 될까?
- 은퇴 후 부부는 몇 년의 삶을 예정할까?
- 은퇴 후 주거지는 어디로 할 것인가?
- 은퇴 후 거주하고 싶은 집의 형태 및 장소는?
- 현재 연금(공적, 사적) 납입액은 얼마이며, 은퇴 후 얼마를 받을 수 있는가?
- 은퇴 후 기본 생활비는 한 달에 얼마를 책정할 것인가?
- 은퇴 후 어떤 여가 및 취미생활을 계획할 것이며 그에 따른 예상 소요 비용은?
- 은퇴 후 예상하지 못하는 지출이 일어날 수 있는 것은 어떤 것들이 있을까?
- 은퇴 후 건강을 유지하기 위한 비용은 어느 정도로 할까?
- 은퇴 후 질병에 대한 병원비는 얼마를 준비해야 할까?
- 은퇴 후 하나님의 사역은 무엇으로 어떻게 준비할까?

이를 토대로 은퇴를 위한 노후 자금에 대해 재무설계를 구체화해 나가야 한다. 먼저 부동산과 동산의 적정비율을 통하여 자산을 현금으로 바꿀 수 있는 '유동성'을 확보하여야 한다. 다음으로는 투자 원금을 안전하게 찾을 수 있는 정도를 파악하는 것

으로 '안정성'을 점검해야 한다. 마지막으로 투자된 원금으로 어느 정도의 수익을 올릴 수 있는가의 정도를 위험성을 고려하여 신중하게 '수익성'을 고려해야 한다. 이처럼 돈의 흐름은 민감하게 달라지고 있으므로 은퇴 후 돈의 실질적 가치에 주목할 필요가 있다.

※ 노후설계의 원칙

- 원칙 1: 부동산 비중이 지나치게 높지 않도록 동산과 부동산 비율을 조정
- 원칙 2: 사망 전까지 생활비를 보장해 주는 연금성 자산을 주목
- 원칙 3: 세금과 수수료를 고려한 상품을 선택하여 불필요 지출을 최소화
- 원칙 4: 장·단기 투자 상품(보험 및 적금)을 잘 선택하여 일찍 시작
- 원칙 5: 배우자의 은퇴설계도 같이하여 경제적 문제점이 없도록 대비
- 원칙 6: 매년의 물가 상승률(?%)을 충분히 고려하여 연 가계예산을 책정한다

<출처: 계획하는 삶이 아름답다>

※ 부부가 함께하는 교감 생활

- 가사 분담
- 개인 시간 존중 ☞ 서로의 취미 존중
- 함께 하는 시간 갖기 ☞ 공동의 시간(산책, 운동, 여행, 쇼핑 등)
- 부부의 버킷리스트 작성 ☞ 헌신, 하고 싶은 것, 취미, 가고 싶은 곳, 남기고 싶은 유산
- 자녀를 위한 준비 ☞ 신앙, 가계 전통, 올바른 유산
- 하나님 사역을 위한 공통적 교감 형성

삶의 영성과 재정

4) 유산과 상속

재물만큼 하나님과의 관계를 방해하는 것은 없다.

> "여호와여 이 세상에 살아 있는 동안 그들의 분깃을 받는 사람들에게서
> 주의 손으로 나를 구하소서 그들은 주의 재물로 배를 채우고 자녀로 만
> 족하고 그들의 남은 산업을 그들의 어린아이들에게 물려주는 자니이다
> 나는 의로운 중에 주의 얼굴을 뵈오리니 깰 때에 주의 형상으로 만족하
> 리이다"(시17:14~15)

유산의 상속은 일반적으로 자녀에게 물려주는 것이 보편적인 현상이다. 그것은 가업을 잇는다는 차원에서 연결되는 사회적인 특성이기도 하다. 그러나 이에 대한 보다 현명한 접근은 유산과 상속의 목적을 이해하고 지혜로운 결정을 해야 한다는 점이다. 이 사회에서 지금껏 우리 자신들이 누렸던 것처럼 풍요로운 기회를 부여받은 그리스도인들은 교회나 사역 기관, 선교지 그리고 하나님의 뜻과 그 나라를 위해 적정 부분을 작정하고 자녀들에게는 필요 부분만 남기는 것을 신중하게 고려해야 한다. 이러한 관점은 자녀들이 열심히 일하고, 계획을 잘 세우고, 하나님을 신뢰하는 기쁨을 경험하기 위해서라도 성경적으로 실천할 필요가 있는 이유다.

신약성경은 처음부터 많은 재산을 남기려 해서는 안 된다는 것을 가르치고 있다. 만약 남기게 된다면 하나님의 공급하심을 나누기보다는 축적했다는 것을 예수님 앞에서 스스로 나타낸 부자 청년의 모습과 같게 될 것이다. 존 웨슬리는 찬송가뿐 아니라 책을 저술하여 많은 돈을 벌었지만, 그가 죽을 때 남긴 것은 단지 28파운드뿐이었다. 또 앤드루 카네기는 "전지전능한 돈을 자녀에게 상속하는 것은 전지전능한 저주이다"라고 명언을 남겼다. 우리 부모들이 선한 뜻으로 성장한 자녀에게 돈을 남기지

만 오히려 이것이 그들에게 심각한 갈등을 초래하는 경우가 다반사다. 그러므로 하나님의 공급하심 속에 부모가 번 돈은 자녀들의 것이기 이전에 하나님께 속한다는 사실을 인식시키는 훈련이 무엇보다 중요하다.

☞ **이제 나의 재산이 자녀들과 함께 안전할 것인가(선한 청지기)? 자녀들이 나의 재산과 함께 안전할 것인가(맘몬의 유혹)? 물어보라.**

특히 성장한 자녀들에게 먼저 올바른 존재적 삶의 지혜를 전해 주지 않았다면 재산을 넘겨주어서는 안 된다. 지혜가 없는 부유함은 낭비가 될 뿐 아니라 자녀들에게 중독, 게으름, 부도덕성을 조장하므로 오히려 피해를 주기 쉽다. 따라서 당신이 지혜로운 부모라면 자녀나 손자들에게 필요적 도움이 될 정도만 남기지 그들에게 상처를 줄 정도로 많은 것을 남기지 말아야 한다. 이러한 당신의 현명한 선택은 자녀들에게 해를 끼치지 않는 것 외에도 하나님을 잘 섬기는 사역에 돈을 남겨 좋은 일을 할 수 있는 기회가 된다. 그러기 위해서는 당신의 유산과 상속계획을 자세히 기록하여 성인이 된 자녀에게 가정예배나 가족회의를 통해 미리 설명해 주어야 한다. 이렇게 함으로써 잘못된 기대를 하지 않게 하고 나중에 자녀들의 원한을 사지 않게 한다.

● 하나님의 돈을 어떻게 남겨야 하는가?

우리 그리스도인들은 이 땅에서 관리했던 자산을 어디에 쓰는 것이 가장 좋은지 지금 선택할 책임이 있다. 성인이 된 자녀를 포함하여 영원의 관점을 가지고 충성되게 다룰 능력이 없는 사람에게 돈과 재산을 남기는 것은 무책임한 일이다. 성경은 돈(재물)의 관리원칙을 따르지 않으면 패망의 우려가 있음을 말씀하고 있다. 보다 궁극적으로는 하늘나라에 상급을 저축할 기회를 잃어버릴 수 있다는 것을 계시하고 있다.

성장한 자녀들에게 많은 유산을 남겼을 때 일어날 수 있는 가장 효과적인 기대는 상속받은 돈을 바른 인격 수양을 통해 영원에 영향을 주는 일에 지혜로운 투자를 하게 하는 것이다. 하지만 반대로 비인격적인 행위를 하거나 그로 인해 일을 게을리하고, 분수를 알지 못하며, 가족관계에 손상을 가져오는 일의 결과를 낳게 되면 유산과 상속이 주는 무책임한 결과는 재앙으로 나타날 수 있다. 특히 하나님에 대한 신뢰를 잃어버리고 하나님의 자원을 낭비하는 것은 영원에 대한 소망을 박탈당하는 패망의 길로 접어들게 한다.

※ 유산을 상속할 때 질문해야 할 다음 세 가지를 주목하라.

- 일어날 수 있는 최선의 일과 최악의 일은 무엇인가?
- 그것들은 얼마나 심각한가?
- 그런 일이 일어날 때 자녀들은 어떻게 되겠는가?

여러분은 아는가? 오만, 분노, 의심, 불안, 원한 등은 모두 부유하게 되거나 상속으로 인해 풍요롭게 될 때 지속해서 나타난다는 사실을. 나이와 인생의 경험과는 상관없이 상당한 금액의 돈을 상속받을 경우, 대부분 그가 가지고 싶은 대로, 하고 싶은 대로 살게 만들어 일을 그만두거나 태만하게 되도록 유혹당할 수 있다. 이처럼 일을 하지 않고 가지게 되는 부는 억제된 내면의 욕구 유혹을 증폭시키고, 풍요의 편안은 새로운 욕망을 끊임없이 만들어 낸다. 그것은 자녀들을 비생산적인 게으름뱅이로 만들고 인격과 판단력과 정체성을 빼앗는다.

또 유산을 상속받고 나서 그것을 성공적으로 관리했다고 하더라도 자신이 열심히 일하고 하나님을 신뢰하여 돈을 벌 수 있었다는 것을 결코 깨닫지 못할 수도 있다. 왜냐하면 유산이 하나님의 공급하심뿐 아니라 자신의 능력에도 의문을 품게 만들기 때문이다. 만일 이것이 의문시된다면 당신이 살아 있을 때 적은 금액을 자녀들에게 맡겨 보라. 그들이 그것을 어떻게 다루는지 보면 당신이 죽을 때 얼마나 많이 혹은 얼마나 적게 남겨야 할지 알게 될 것이다. 적은 것에 충성하는 것을 증명하는 사람에게 많은 것을 맡겨야 한다.

> "지극히 작은 것에 충성된 자는 큰 것에도 충성하고 지극히 작은 것에
> 불의한 자는 큰 것에도 불의하니라"(눅16:10)

자녀들에게 올바른 성경적 지혜를 전해 주지 않았다면 쉽게 재산을 넘겨주어서는 안 된다. 지혜가 없는 부유함은 낭비될 뿐 아니라 자녀들의 인생에 피해를 주게 되기 때문이다.

☞ **잘못 상속된 재산은 도덕성의 마약처럼 일하려는 의욕을 말살시키는 것이 분명하다**(코네리우스 밴드빌트).

● '공평한 것'이냐 '옳은 것'이냐의 고민 앞에서!

대부분 사람은 "공평하게 자녀마다 같은 금액을 주어야 한다."라고 생각한다. 만일 모든 자녀가 영적으로나 삶에 있어 하나님 뜻에 합당한 선한 청지기 같은 생활을 한다면 똑같은 유산은 적절하다. 하지만 한 형제면서도 청지기 직, 삶의 태도와 능력, 필요와 책임감 등이 상당히 다를 수 있으므로 각각의 상태에 따라 다른 금액을 남겨야 할 수도 있다. 우리는 모든 자녀를 동일하게 사랑해야 하지만 그렇다고 해서 유산과 상속의 관점에서 그들을 똑같이 대해서는 안 된다.

낭비하거나 고집이 센 자녀에게 많은 돈을 남기는 것은 그들의 죄와 아픔에 돈을 대는 것과 같다. 어떤가? 도덕적으로 돈을 다루는 능력이 없는 사람에게 돈을 필요 이상으로 남기는 것은 비성경적이라 생각하지 않는가? 따라서 유산을 남길 때 결심은 **'공평한 것'**이 아니라 **'올바른 것'**을 선택하는 것이다. 하나님께서 맡기셨던 것을 당신의 자녀가 다시 잘 보존하며 사용할 수 있을까? 신중하게 생각하여 결정하라〈출처: (구) EPS 청지기재정 교실〉.

● 상속에 대한 선언

상속에 관한 결정은 삶의 과정을 통해 부부가 하나님 앞에서 지속적으로 보완하며 수정해 나가야 한다. 상속재산에 대한 부부의 결정이 합의적으로 세워졌다면 적절한 시기에 자녀들에게 그 계획을 설명해 주어야 한다. 이렇게 함으로써 자녀들이 잘못된 기대를 하지 않게 하고, 그로 인한 원망을 사지 않으며, 그리고 부모의 죽음으로부터 이득을 챙기려는 생각에 대한 죄책감으로부터 자유로울 수가 있다. 특별히 가정예배를 통해 말씀으로 나누는 상속계획의 비유 및 설명은 모본적인 그리스도인으로 사는 삶을 인식하게 하고, 그것은 자녀들에게 신앙의 성숙과 함께 가장 귀한 유산으로 받아들일 수 있는 지혜로운 접근이 된다.

세상의 많은 부자가 엄청난 유산을 남겼지만, 이것과 함께 욕심, 방종, 배신, 교만, 속물근성, 자기중심 등의 유산도 남긴다는 사실을 목격한다. 반면 그리스도의 영을 가진 자들은 말씀을 기준으로 하여 자녀들에게 물질적인 유산을 지혜롭게 배분하고 인격과 영적인 가치들을 경건한 유산으로 남길 수 있다. 나중에 누가 부모를 원망하고, 하나님을 찬양할 것인가는 궁극적으로 분명해진다. 확실한 것은 하늘나라에서 주어질 상급은 우리가 이 땅에서 실제로 행한 것에 대한 결산으로 나타난다는 점이다(계 14:13). 죽음은 '베풀' 수 있는 최선의 기회가 아니라 '나눌' 수 있는 마지막 기회이다.

※ 하나님의 말씀을 전수케 하는 삶(시78:1~9; 신6:1~9)

- 신앙의 유산과 상속(가정예배)
- 공평하게 나누는 것과 올바르게 나누는 것은 다르다(5달란트, 3달란트, 1달란트).
  5달란트가 땅에 묻혔다면??? 예수님은 1달란트의 마음을 이미 아셨다.
- 남기는 것과 드리는 것의 차이를 훈련 시켜라.
  이 땅에 남기는 것과 하늘에 드릴 때 쌓이는 상급의 차이.

5) 장례

그리스도인에게 장례는 본향으로 돌아가는 축제이다. 히브리서 기자는

> "이 사람들은 다 믿음을 따라 죽었으며 약속을 받지 못하였으되 그것들
> 을 멀리서 보고 환영하며 또 땅에서는 외국인과 나그네임을 증언하였
> 으니 그들이 이같이 말하는 것은 본향 찾는 자임을 나타냄이라 그들이
> 나온바 본향을 생각하였더라면 돌아갈 기회가 있었으려니와 그들이 이
> 제는 더 나은 본향을 사모하니 곧 하늘에 있는 것이라 이러므로 하나님
> 이 그들의 하나님이라 일컬음 받으심을 부끄러워하지 아니하시고 그들
> 을 위하여 한 성을 예비하셨느니라"(히11:13~16)

'영원의 관점으로 살아가는 청지기'는 이 땅에서의 삶이 하늘의 영원한 본향을 향하
고 있으므로 세상을 통해 영원에 대한 뜻을 실천한다. 세상에서의 약간의 손해와 양
보를 감사함으로 받아들이고, 세상에서 하나님의 뜻을 회복시켜 나가려는 청지기의
사명을 감당하며 살고자 노력한다. 인간이 그리스도의 영적 분별력 없이 생산해 내
는 상품적 가치(물질, 이데올로기, 자기 지식적 가치판단 등)들은 죄의 재생산일 수밖에 없다. 그
러나 영의 분별력을 가진 사람은 비록 세상에 살지만 모든 삶의 기준을 말씀의 잣대
로 살기를 애쓴다. 그것은 세상에서의 일시적인 곤란일 수 있겠지만 영원한 본향에서
자연스럽게 살 수 있는 이 땅에서의 훈련이기 때문에 이를 즐거운 마음으로 받아들일
수 있다. 그리고 하나님의 부르심을 받는 그날, 즉 우리가 본향을 향해 확신 있게 나아
가는 청지기로 이 땅의 생을 마감할 때, 소풍 잘하고 집으로 돌아간다는 어느 시인의
고백처럼 기쁨 가득한 귀향 감사의 축제가 될 것이다.

이제 우리 모두는 인생에 가장 행복한 순간이 청지기의 삶을 잘 살고 이 땅을 떠나

는 그때라고 고백할 수 있어야 하지 않을까? 필자 부부는 하나님의 부르심을 받았을 때 천국 환송 감사예배로 드릴 것을 가정예배를 통해 오래전부터 자녀들에게 부탁해 두었다. 그리스도인의 장례는 천국을 향한 축제와 감사잔치로 드리는 관점의 전환이 필요하다.

'영원의 관점으로 살아가는 청지기'는 맘몬이 하나님과 대체할 만한 대상이 아니라는 사실을 삶의 영성으로 증거한다. 그리고 잘사는 사람(깨끗한)이 부자가 되어(청부) 드림과 나눔을 통해 하늘나라에 상급을 쌓는 삶을 산다.

⛪ **실천 적용과제**

1. 영적 가계부 쓰기(아침)

2. 재정 가계부 쓰기(저녁)

3. 유산과 상속 그리고 장례 계획서 작성하기

4. 하나님과의 재정서약

 **질문을 통한 나눔**

1. 마태복음16:24 말씀에서 "자기 부인의 십자가를 진다"는 의미를 성경적 재정관점으로 서로 나누어 보세요.

2. 청지기 삶의 세 가지 덕목원칙인 영적 거룩함, 도덕적 행복, 신체적 건강함을 세워나가는 것이 영원의 관점으로 살아가는 청지기의 삶에 어떤 영향을 줄 것인지를 함께 토론해 보세요.

3. 본문에서 청지기 실천적인 삶 여덟 가지 중 자신에게 가장 공감되는 삶을 결단해 보는 나눔을 가져 보세요.

4. 가정의 재정관리 중 소비성향에서 가장 절제가 되지 않는 분야는 어느 것인가요?

5. 돈으로 인해 부부싸움을 해 본 경험이 있습니까? 앞으로는 돈의 문제를 어떻게 풀어 나가겠습니까?

삶의 영성과 재정

6. 여러분이 생활화하고 있는 지혜로운 소비 습관이 있으면 함께 나눠 주세요.

7. 여러분은 재정과 관련하여 자녀 양육의 원칙을 어떻게 정하여 실천하고 있습니까?(신앙과 재정을 관련지어 나눠 주세요.)

8. 유산과 상속에 관한 여러분의 생각을 나눠 보고 성경적 관점으로 결단하기 어려운 부분이 있다면 어떤 부분일까요?

9. 현재 관행적인 기독교 장례와 일반적인 장례문화를 비교해 보고 성경에서 말하는 장례는 어떻게 하는 것이 바람직한가를 나눠 보세요.

10. 가정으로부터 영원의 삶을 재출발하고자 하는 여러분의 결단을 간단하게 나누고 서로가 중보해 주는 기도의 시간을 가져 보세요.

우리의 결단

하나, 나는 소유주가 아닌 시간과 재물과 재능을 위임받은 청지기로서 맡겨진 것에 대한 결산을 잘할 수 있도록 하겠습니다.

둘, 나는 매일 아침 하나님의 공의와 명예를 지키는 삶의 기도로 하루를 시작하겠습니다.

셋, 나는 주님께서 하셨던 것처럼 되돌려 드림, 섬김, 나눔, 베풂을 조건 없이 실천하겠습니다.

넷, 나는 나의 모든 삶을 영원의 관점에서 결정하며 살아가겠습니다.

다섯, 나는 정직하게 일하고 번 돈으로 저축과 투자를 하겠습니다.

여섯, 나는 하나님께서 나를 통하여 하나님의 역사를 기록해 나가심을 잊지 않겠습니다.

일곱, 나는 이 땅에서 행하는 모든 삶의 행위가 하나님을 대신하는 가정과 일터의 사역임을 약속하겠습니다.

여덟, 나는 자신이 '하나님의 명품 모델'임을 자부하며 살겠습니다.

아홉, 나는 은혜로 받은 '구원'을 삶의 영성을 통해 '상급'을 바라보는 믿음과 행함으로 살겠습니다.

열, 나의 복과 보물은 오직 예수 그리스도임을 신앙고백 합니다.

이 시간 이후로 나의 모든 삶의 과정에 성령께서 언제나 내주하셔서 나의 게으름과 포기로 인하여 하나님의 뜻을 훼방하지 않도록 인도하여 주시옵소서.

존귀하신 예수 그리스도 이름 받들어 기도드립니다. 아멘.

삶의 영성과 재정

참고 문헌

고득성 외, 2010,『계획하는 삶이 아름답다』(전국투자자교육협의회)

대 바실리우스, 2018,『네 곳간을 헐라』(분도출판사)

로난드 사이더, 2019,『가난한 시대를 사는 부유한 그리스도인』(VIP)

로버트 제프리스, 2020,『천국, 그 모든 것』(생명의 말씀사)

렌디 알콘, 2006,『돈, 소유, 그리고 영혼』(예영 커뮤니케이션)

렌디 알콘, 2008,『헤븐』(요단)

렌디 알콘, 2010,『내 돈인가 하나님 돈인가?』(토기장이)

론 부루&제레미 화이트, 2009,『청지기 재태크』(예영 커뮤니케이션)

리처드 포스터, 2013,『기도』(두란노)

마틴 로이드 존스, 2017,『성부 하나님과 성자 하나님 Ⅰ』(부흥과개혁사)

마틴 로이드 존스, 2017,『성령 하나님과 놀라운 구원 Ⅱ』(부흥과개혁사)

마틴 로이드 존스, 2018,『영광스런 교회와 아름다운 종말 Ⅲ』(부흥과개혁사)

박형룡, 2005,『박형룡 박사저작전집: 교의 신학/신론 Ⅱ』(개혁주의 신행협회)

벤 위더린턴3세, 2010,『예수와 돈』(넥세스 CROSS)

스탠&린다톨러, 2010,『드림의 비밀』(토기장이)

스티브 코비 외, 2005,『소중한 것을 먼저 하라』(김영사)

아가페 성경 사전 편찬위원회, 2016,『아가페 성경사전』(아가페출판사)

알리스트 맥그래스, 2014,『하나님은 누구인가?』(성서유니온)

알리스트 맥그래스, 2015,『예수님은 누구인가?』(성서유니온)

알리스트 맥그래스, 2016,『그리스도인은 무엇을 바라는가?』(성서유니온)

앤드류 머리, 2017,『겸손』(생명의 말씀사)

오스왈드 챔버스, 2012,『창세기 강해 외』(토기장이)

오스왈드 챔버스, 2009,『그리스도인의 정체성』(토기장이)

오스왈드 챔버스, 2009,『산상수훈』(토기장이)

이범배, 2001,『조직신학』(새한 기획출판부)

이안머리, 2010, 『분열된 복음주의』(부흥과 개혁사)

이종수, 2009, 『하나님의 돈』(목회 자료사)

정병일 외, 2009, 『EPS 청지기재정 교실』(토기장이)

정병일, 2016~2018, 「크리스천 재정 칼럼」(신앙계)

존 캐버너, 2017, 『소비사회를 사는 그리스도인』(VIP)

존 맥아더, 2009, 『자족 연습』(토기장이)

짐 갈로우, 2010, 『언약』(토기장이)

칼 바르트(Karl Barth), 2015, 『교의학 개요』(복 있는 사람)

크래그 힐·얼피쳐, 2007, 『그리스도인의 재정원칙』(예수전도단)

폴 스티븐스, 2013, 『영혼의 친구, 부부』(VIP)

한기채, 2016, 『하나님의 리더 세우기』(토기장이)

헨리 나우엔, 2007, 『영성 수업』(두란노)

후안 까를로스 오르띠즈, 1992, 『내 것이 아닙니다 우리는 단지 청지기일 뿐입니다』(도서출판 만나)

A. W. 토저, 2017, 『하나님의 길에는 우연이 없다』(규장)

A. W. 토저, 2018, 『하나님의 지혜는 지식으로 얻을 수 없다』(규장)

C. A. S 편, 1996, 『5만 번 응답받은 뮬러의 기도 비밀』(생명의 말씀사)

C. S 루이스, 2014, 『순전한 기독교』(홍성사)

EBS 자본주의 제작팀, 2013, 『EBS 자본주의』(가나출판사)

ERICH FROMM, 1981, 『소유냐 존재냐』(범우사)

실천기도일지

1주차 기도 일지

이름	기도 제목	기도 응답

삶의 영성과 재정

2주차 기도 일지

이름	기도 제목	기도 응답

3주차 기도 일지

이름	기도 제목	기도 응답

4주차 기도 일지

이름	기도 제목	기도 응답

5주차 기도 일지

이름	기도 제목	기도 응답

6주차 기도 일지

이름	기도 제목	기도 응답

7주차 기도 일지

이름	기도 제목	기도 응답

삶의 영성과 재정

8주차 기도 일지

이름	기도 제목	기도 응답

9주차 기도 일지

이름	기도 제목	기도 응답

10주차 기도 일지

이름	기도 제목	기도 응답

삶의 영성과 청지기재정 서약서

유 언 서

간 증 문

삶의 영성과 재정

© 정병일, 2021

초판 1쇄 발행 2021년 12월 2일

지은이   정병일
펴낸이   이기봉
편집   좋은땅 편집팀
펴낸곳   도서출판 좋은땅
주소   서울특별시 마포구 양화로12길 26 지월드빌딩 (서교동 395-7)
전화   02)374-8616~7
팩스   02)374-8614
이메일   gworldbook@naver.com
홈페이지   www.g-world.co.kr

ISBN   979-11-388-0449-3 (03230)